特別支援教育のための

ICF 支援シート活用ブック

子ども理解と支援のために

池本喜代正 編著

小林由紀子 / 清水浩 / 下無敷順一 / 西村修一 共著

ICF-CYって何?

ICF支援シートってどんなもの?

ICF支援シートの活用の仕方は?

ICF-CYによって子どもの見方が変わる?

田研出版株式会社

はじめに

　国際生活機能分類（International Classification of Functioning, Disability and Health ; ICF）は，2001 年のWHO総会において改定された人間の健康状態・障害を系統的に分類するモデルです。1980 年に出された ICIDH（国際障害分類）の改訂版といえますが，「障害」のとらえ方はまったく違ったものになっています。このICFの考え方は，世界中に広く受け入れられました。たとえば，2006 年に国際連合において採択された「障害者の権利に関する条約」においても，第 1 条に「障害者には，長期的な身体的，精神的，知的又は感覚的な機能障害であって，さまざまな障壁との相互作用により他の者との平等を基礎として社会に完全かつ効果的に参加することを妨げ得るものを有する者を含む。」と規定され，環境因子と個人の活動・参加との相互作用により「障害」の状態が生じることが規定されています。

　日本においても 2011 年に障害者基本法が改定されましたが，それ以前の障害者の定義は「身体障害，知的障害又は精神障害（以下「障害」と総称する。）があるため，継続的に日常生活又は社会生活に相当な制限を受ける者」と規定されていたのですが，改定によって「一　障害者　身体障害，知的障害，精神障害（発達障害を含む。）その他の心身の機能の障害（以下「障害」と総称する。）がある者であって，障害及び社会的障壁により継続的に日常生活又は社会生活に相当な制限を受ける状態にあるものをいう。」となりました。ここにもICFの考え方が反映されています。

　特別支援教育において，ICF/ICF-CYの考え方が重要であることが明記されたのは，「特別支援学校学習指導要領解説　自立活動編」（2009）です。これ以降，各地の特別支援学校がICF/ICF-CYに関する研究に取り組みました。しかし，特別支援学校の教員の多くがICF/ICF-CYについて十分に理解して実践に生かしているかというと，首肯しかねるところです。ましてや通常の学校においては，ICFという用語さえも十分に浸透していない状況です。

　ICF/ICF-CYは，障害のある子どもたちの生活や教育について考えるための有効な視点となるものです。ICF/ICF-CYは，「障害をみるのではなく，その人自身の生活や人生をみる」という視点・障害観を提供しています。私たちは，ICF/ICF-CYをもっと広く教員の方々に理解してほしいと願い，この本を企画しました。ICF/ICF-CYの理念を理解することにより，子どもの見方が変わり，子どもの指導に有効な手立てが見つかると思います。ICF/ICF-CYの障害観に立って，自分自身の教育観を磨き，子どもの発達心理や障害の特性を学び，子どもに適切な指導方法を考え，学んでいく中で，特別支援教育だけでなく通常の教育の教師としての資質も高まっていくことを信じています。

目　次

はじめに　1

I　ICFについて理解しよう！ ……………………………………………… 5
Q1　ICFとは何ですか。　7
Q2　ICFの目的は何ですか。　10
Q3　ICIDHの障害観はどのような考え方でしたか。　11
Q4　ICIDHの問題点とその批判とは何ですか。　13
Q5　ICFの理念とはどのようなものですか。　15
Q6　ICF-CYについて説明してください。　17
Q7　生活機能の活動と参加について説明してください。　18
Q8　背景因子とは何ですか。　21
Q9　構成要素間の相互作用とはどのようなことですか。　23
Q10　コーディングはどのように行い，どのように活用しますか。　25

II　ICF-CYにおける子どもの見方！ ……………………………………27
Q1　ICF-CYによって子どもの見方が変わりますか。　29
Q2　ICF/ICF-CYでプラス面を大切にするのはなぜですか。　31
Q3　子どもの全体像を，ICF-CYの視点から考えるうえでの留意点は何ですか。　32
Q4　「健康状態」は，「活動」や「参加」にどのように影響していますか。
　　　また，その相互作用は何ですか。　33
Q5　「個人因子」と「活動」「参加」との相互作用について説明してください。　34
Q6　「環境因子」と「活動」「参加」との相互作用について説明してください。　36
Q7　子どもの思い・主観をどのように把握すればいいですか。　38
Q8　現在の状態からICF支援シートを作成すればいいですか。　40
Q9　発達の視点と支援の継続性をどのように考えればいいですか。　42
Q10　ICF/ICF-CYの考え方は本人の自己理解に活用できますか。　45
　　コラム　合理的配慮とICFの活用　47

III　ICF-CYを活用するには！　－ICF支援シートとは－ ………………………49
Q1　ICF支援シートとは，どのようなものですか。　51
Q2　ICF支援シートを作成するには，どのような方法がありますか。　53

Q3 「活動」と「参加」は，どう区別すればいいですか。　55

Q4 「環境因子」にはどのようなことを記入すればいいですか。　56

Q5 「個人因子」にはどのようなことを記入すればいいですか。　58

Q6 健康状態と心身機能・身体構造には，どのようなことを記入すればいいですか。　59

Q7 「主体・主観」にはどのようなことを記入すればいいですか。　61

Q8 ICF支援シートは，学校内でどのように活用できますか。　62

　　コラム　ICFコアセットについて　63

Ⅳ　ICF支援シートを作成してみよう！ ……………………………………………65

　1．ICF支援シートの具体的な作成手順　67

　2．鉄腕アトムがあなたの学級の児童だったら　80

　　コラム　教育・指導と支援の違い　90

　　ヒント　子ども理解と手立てを考える　91

Ⅴ　ICF支援シートの活用例！ ………………………………………………………95

　事例1　知的障害のある児童に対する入学時における指導と支援　97

　事例2　自閉症児の宿泊学習における交流および共同学習　103

　事例3　すぐに暴力を振るう子どもの理解　－校内委員会での活用－　110

　事例4　アスペルガー症候群の中学生の理解と指導　118

　事例5　不適応行動のある生徒の実態把握と指導　126

　事例6　自閉症スペクトラム障害の生徒に対する進路指導　134

　事例7　脳性まひ児のよりよい食事のための自立活動の指導　139

　　資料　ICF-CYの主な項目　147

　　参考文献　154

　　おわりに　155

I
ICFについて理解しよう！

Q1

ICF とは何ですか。

☞ ICF（International Classification of Functioning, Disability and Health）とは，2001 年 5 月のWHO総会によって承認された，健康状況と健康関連状況を記述するための分類です。人間の生活機能や障害，そして健康について考えるための有効なツールです。

1 ICFとは

ICFの用語を直訳するならば，「機能，障害，そして健康に関する国際的な分類」となりますが，日本では「国際生活機能分類」と訳されています。厚生労働省がICFを日本語に訳す際に，障害とか健康とかという用語を入れなかったのは，障害者のためのものとか，病気の人のためのものとか，ととらえられることを危惧したからと考えられます。すべての人の生活に関わる国際分類であるため，国際生活機能分類と訳したのです。「国際生活機能分類」と呼ばれることもありますが，ICF（アイシーエフ）という呼び方が一般的です。

ICFの項目は，「心身機能，身体構造」「活動と参加」と「環境因子」に関する項目があげられており，その項目数は 1424 項目です。本書が参考としているICF-CY（国際生活機能分類児童版）は，2006 年にICFに児童青年期に関する項目を 200 あまり追加し，また一部削除して採択されたものです。2009 年 7 月に日本語訳が出版されました。

2 ICFの考え方　－統合モデル－

ICFの考え方は，障害をどのようにとらえるかという障害概念に関わっています。ICIDHは，「医学モデル」によって障害をとらえていました。「医学モデル」とは，障害は疾病に関わるところであって，その疾病が治療・改善されたり，重症化したりすることによって障害が変わったりしてくるという医学的な観点に立ったものです。それに対して，障害は社会的な環境から生み出されるとした「社会モデル」という考え方が出てきました。

ICFは，この「医学モデル」と「社会モデル」とを統合した「統合モデル」です。ICFの考え方の大きな特徴は，身体・個人・社会という 3 つの視点に立って，ある健康状態にある人に関連するさまざまな領域を，心身機能・身体構造，活動，参加という生活機能の側面から系統的に分類して考えるというものです。そして人間の活動や参加は，その人が暮らす環境・社会と関係が深く，またその人自身のパーソナリティと大きく関わっているということで，環境因子と個人因子が生活機能と相互に影響し合っていると考えています。この考え方を示したのが**図 1-1**（p. 8）です。

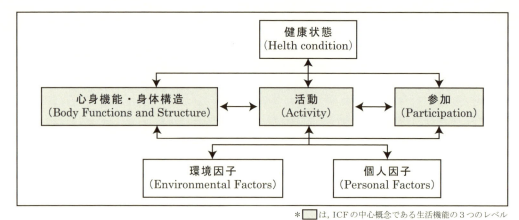

図1-1 ICFの構成要素間の相互作用モデル (WHO, 2001)

③ ICFの中心概念である生活機能とは

　先に述べた生活機能とは，ICFの中心概念です。これは，人が「生きる」ことをとらえた3つの階層のことで，心身機能・身体構造（Body Functions and Structure），活動（Activity），参加（Participation）を包括した概念です。これらは生物【生命】・個人【生活】・社会【人生】の3つのレベルに相応します。ICFでは，この生活機能の3つのレベルを常に偏ることなく全体として見ることが「人間全体を見る」ということであるとしています（図1-1参照）。

　この生活機能の3つのレベルは，国際障害分類（ICIDH）では，生物・個人・社会に視点を当てた機能障害（impairment），能力障害（disability），社会的不利（handicap）のレベルに相当します。ICIDHは障害というマイナス面に視点を当てていました。それに対して，ICFは「生活機能」というプラス面に視点を移したため，心身機能・身体構造，活動，参加といったとらえ方になっています。

　ICFの生活機能の3つのレベルの内容は，次のとおりです。

(1) 心身機能・身体構造【生命レベル】

　生命の維持に直接関係する，身体・精神の機能や構造で，これは心身機能と身体構造を合わせたものです。心身機能とは，たとえば手足の動き，精神のはたらき，視覚・聴覚，内臓のはたらきなどです。身体構造とは，たとえば手足の一部，心臓の一部（弁など）の体の部分のことです。

　WHOでは心身機能・身体構造について，次のように分類しています。心身機能は身体系の生理的機能（心理的機能を含む），身体構造は器官・肢体とその構成部分などの身体の解剖学的部分，としています。そしてこれらの2つの分類は，たとえば，心身機能に「視覚機能」のような基本的な感覚を含み，それに対応する身体構造として「目・耳および関連部位の構造」があるなどのように並列的に使うようにできています。

(2) 活動【個人レベル，生活レベル】

生活行為，すなわち生活上の目的をもった，一連の動作からなる具体的な行為のことです。これはあらゆる生活行為を含むものであり，実用歩行やその他のADL（日常生活行為）だけでなく，調理・掃除などの家事行為・職業上の行為・余暇活動（趣味やスポーツなど）に必要な行為・趣味・社会生活上必要な行為がすべてあてはまります。

(3) 参加【社会レベル，人生レベル】

参加とは家庭や社会に関与し，そこで役割を果たすことです。社会参加だけではなく，主婦として，あるいは親としての家庭内役割であるとか，働くこと，職場での役割，あるいは趣味にしても趣味の会に参加する，スポーツに参加する，地域組織の中で役割を果たす，文化的・政治的・宗教的などの集まりに参加する，などの広い範囲のものが含まれます。

10　Ｉ　ICFについて理解しよう！

Q2　ICFの目的は何ですか。

☞　ICFは，1980年にWHOが試案として出した国際障害分類（ICIDH）の改訂版に当たります。ICIDHは，障害に関する世界共通の理解を促し，科学的アプローチを可能にすることを目的に作成されました。しかし，後でQ4でも述べますが，問題点も多かったため，1990年から改訂に取りかかりました。その過程の中で国際障害分類の目的について，徐々にコンセンサスができ，障害に関する共通言語としての意義が確認されていきました。そして，1997年に出されたICIDH2では調査・統計，研究，制度・政策の基礎付，教育などの多くの分野での活用が目的とされました。

　ICFの目的は，次の4点です（ICF国際生活機能分類－国際障害分類改訂版－，2002）。

・健康状況と健康関連状況，結果，決定因子を理解し，研究するための科学的基盤の提供
・健康状況と健康関連状況とを表現するための共通言語を確立し，それによって，障害のある人々を含む，保健医療従事者，研究者，政策立案者，一般市民などのさまざまな利用者間のコミュニケーションを改善すること
・各国・各種の専門保健分野，各種サービス，時期の違いを超えたデータの比較
・健康情報システムに用いられる体系的コード化用分類リストの提供

　ICFは，本来は健康分類であるため，健康関連分類として用いられますが，保健・社会保障・労働・教育・経済・社会政策・立法・環境整備などの領域においても用いられることができます。保健・労働・経済・立法などの分野においては，統計的なデータとして活用されることが多いでしょうが，リハビリテーションや教育の分野においては，ICFを用いて個人の生活の状況を明らかにすることや支援後の評価をすることを目的として用いることが多いです。

ICIDHの障害観はどのような考え方でしたか。

☞ ICIDHは，障害を機能障害・能力障害・社会的不利という3つの階層的な考えで説明したものであり，発表された当時は画期的な考え方でした。この階層的な考え方は，ICFにも一部反映されています。

1 ICIDHの障害観

ICIDH（International Classification of Impairments, Disabilities and Health）は，1980年にWHOが「機能障害・能力障害・社会的不利の国際分類」（ICIDH）として「試用のため」に採択したものです。

この国際障害分類の制定作業は1972年にはじまり，種々の議論を経て作成されました。そして，この新しい障害概念は「国際障害者年世界行動計画」の基本理念にも取り入れられ，障害に関する考え方・枠組みとしてさまざまな領域に影響を与えました。

ICIDHのモデルは，図1-2に示すように障害を階層的な考えに立って説明しています。すなわち，疾患・変調が原因となって機能・形態障害が起こり，それから能力障害が生じ，それが社会的不利を起こすというものです。また，機能・形態障害から直接に社会的不利が生じる経路が示されていますが，序論において，これはたとえば顔面のあざのような形態障害が，能力障害がないにも関わらず，社会的不利を起こし得るといった場合であると説明されています。

このモデルは障害を機能・形態障害，能力障害，社会的不利の3つのレベルに分けてとらえるという，「障害の階層性」を示した点で画期的なものでした。

図1-2　ICIDH：WHOの国際障害分類（1980）の障害構造モデル（WHO, 1980）

2 障害の階層性とは

「障害とは何かを簡単に説明してください」と質問すると，「身体のどこかに異常があること」とか，「普通の人と比べ何かできないことがあること」「生きていくのに不十なこと」などの答えが出てきます。いずれもまちがいではありませんが，どれも一面的な説明となっています。ある

12   I   ICFについて理解しよう！

事物を説明するとき，一面的な説明で可能なこともあるでしょうが，障害は複数の質的構造を有しているため，階層論での説明が適切であるといえます。階層的な考え方で大事なことは，それぞれの階層の間に「相互依存性」と「相対的独立性」の両者があるということです。相互依存性とは相互作用ともいえることで，ある階層のものが別な階層のものに影響してそれを規定することです。前頁の図1-2に示したように隣りあう階層の間だけではなく，離れた階層の間でも起こり得るものです。一方，「相対的独立性」とは，それぞれの階層が階層独自の法則を有しているということです。

　近代医学では，病気を身体に還元し，ついで器官系に還元し，そして細胞などの組織に還元し，最終的には細胞内の代謝過程に還元をして，病気を説明しようとすることがありますが，この考え方はより高次の複雑な階層の現象をより低次の単純な階層の法則で説明するという「基底還元論」に立つものです。しかしこの考え方は必ずしも正しくありません。化学の世界においても基底還元論で完全に説明がつかないことが多く，ましてや人間の運動・生活・学習などに関わる「障害」を基底還元論的に説明することはできません。基底還元論的な考えに立てば，ICIDHにおける，社会的不利（handicap）は能力障害（disability）に基づき，そして能力障害は機能障害（impairment）で説明がつくという考え方になります。たとえば，社会的な参加（仕事，余暇，家庭生活など）に不利がある原因は，歩行がうまくできないという能力障害であり，その障害は脳性まひという機能障害から生じているためだという考えです。この考えに立つならば教育やリハビリテーションの果たす役割が否定されてしまいます。

③ ICIDHからみた障害の改善

　障害の改善・克服を目的としていたICIDHでは，「能力障害」レベル（階層）の法則の相対的独立性を利用して，「機能障害」レベルでの回復は十分でなくても，「能力障害」と「社会的不利」は解決できるという考え方に立つことが可能です。

　しかし，ICIDHは，矢印が一方方向であるため，基底還元論的な誤解を生んだことも事実です。その誤解を解消するために，ICFが考案されたのです。

Q4 ICIDHの問題点とその批判とは何ですか。

ICIDHは，障害についての考え方を示したものであるため，その人のプラス面を含めた生活そのものを考えていないとか，環境的な要因を考慮していないなどの問題点がありました。

1 プラスの側面を見ることの重要性

ICIDHは「障害の分類」ですから，障害というマイナス面を中心に見るものでした。しかし，障害のある人は，障害というマイナスだけを有する人ではなく，どんなに重度の障害を有していても健常な機能や能力もあり，人間性というプラスの面をもっている存在です。そして，社会的にも肯定的な側面を多く有しています。そして，障害のある人の存在やさまざまな生き方には，健常といわれる人々に訴えかけるものが多々あります。このように考えるならば，ICIDHは障害・マイナス面だけを一面的に考えるものであり，障害のある人自身を多面的にとらえようとするものではありませんでした。そのため，マイナス面だけを見るICIDHの考え方に対しては，多くの批判がなされたのです。

2 環境の要因を考える重要性

ICIDHの考え方は，個人内の問題として機能障害，能力障害を見ていました。社会的不利についても，その人を取り巻く環境的な側面を十分に考慮したものではありませんでした。それに対して，「環境因子」が重要であり，環境因子のうちマイナスにはたらく「阻害因子」と機能障害・能力障害との相互作用によって社会的不利状況が起こるという「カナダモデル」が提唱され，この考え方は，多くの国々で障害者運動に携わる人びとの共感を得ました。

3 主観的障害の重要性

上田敏は，ICIDHの考えに対して，障害の主観的側面の必要性を訴えています。つまり，ICIDHの障害構造モデルは「客観的な障害」しか扱っておらず，それと同等に重要な「主観的な障害」（体験としての障害）をつけ加える必要があると主張しました。主観的な障害とは，障害のある人の心の中に存在する悩み・苦しみ・絶望感であり，同時にそれらを克服するために生まれてくるプラスの心のはたらきである心理的コーピング・スキルを意味しています。

上田の主張は，長年にわたるリハビリテーション医としての臨床経験から生まれたものです。上田によれば，障害のある人は手足が動かない（機能障害），歩行その他の日常生活の行為ができない（能力障害），職を失う（社会的不利）などの現実世界の困難・不自由・不利益に悩んで

14   I   ICFについて理解しよう！

いるだけでなく，同時に心の中で「自分は無用な人間である」「社会の厄介ものであり，家族の
お荷物である」などという気持ちに悩まされており，心的エネルギーはもっぱらそれに向けられ
て，現実的に客観的な障害の克服のための工夫や努力に向けることが困難な場合が必ずしも少な
くありません。しかし，一方で障害を受容することによって，そのような心の悩みを克服するこ
とは可能であり，それを成し遂げた人は人間的にも成長し，主体性を発揮して客観的な障害の克
服にも積極的に取り組むようになることができるというものです。

みなさんも，障害を受容することによって生き方が変わっている障害者を思い浮かべることが
できるでしょう。なお，後述するICF支援シート（関連図）においても，本人の主観を書くべき
という考え方が用いられています。

４ その他の批判

また，ICIDHでは社会的不利の分類はわずか7項目しかなかったため，「社会的不利の分類が
不十分である」という批判もありました。他の分類では，200あまりの項目が記載されていまし
たので，社会的不利の分類項目が著しく少なかったという批判は妥当だったでしょう。また，文
化的な側面として欧米中心の文化のもとでの分類であるとか，障害者の意見を聞かず専門家だけ
で作ったものであるなどの批判もありました。

５ 誤解にもとづく批判

ICIDHのモデルに対して，一方向的な矢印だけを見ることにより「機能・形態障害が不可避
的・運命的に能力障害を引き起こし，それが運命的に社会的不利を引き起こすという運命論であ
り決定論である」という批判もありましたが，これはモデルだけを見て出された批判であり，階
層的な考え方を理解しないことによる誤解でした。

Q5 ICFの理念とはどのようなものですか。

☞ ICFを通してさまざまな困難の原因や改善策を考えるうえで，ICFの理念を理解することが大切です。ICFの理念を理解することにより，適切な支援・援助の方策が見いだされると考えます。

1 ICFの理念

人が生きること全体をとらえる共通言語

ICFは，人が生きること全体をとらえます。そして，人の生きる姿全体をとらえる中で個々に生じる障害，すなわち生活機能の低下にどう対処していくかを考えていきます。

また，ICFは人の安寧をめざします。ICFは人の生きること全体をとらえ，安寧をめざして，個々のニーズに基づく質の高い生活を実現しようと考える支援・援助の枠組みといえます。

そうしたICFの考え方は，多職間の共通言語として連携のツールとなります。教育においては，個別の教育支援計画を作成するときなど，ICFを用いて医療や福祉，労働機関等と話し合い，子どもの実態や支援内容・支援方法，評価の際にその考え方をもって共通理解を図ることが有効となります。

2 ICFの意義・理念を具体化する視点

(1) 個の尊厳の尊重

ICFは人のマイナス面に焦点を当てたICIDHとは異なり，人間の生活機能に視点を当て，障害（生活機能の低下）は，ごくあたりまえに生じるものとして人の状態像を肯定的にとらえます。もちろんICFも障害（生活機能の低下）といったマイナス面に着目しますが，人の状態像を肯定的にとらえようとするその基本的考え方の奥には，障害のある人の尊厳を尊重する考えがあるのです。

(2) 参加保障

ICFは参加を重視します。ICFがめざすものは一人ひとりの生き生きと充実した生活や人生との関わりであり，豊かな社会参加にあります。

(3) 潜在能力の発揮

ICFは，一人ひとりの能力が最大限に発揮できる状況をつくることをめざします。ICFには

16 I ICFについて理解しよう!

活動の「実行状況」と「能力」を把握する特徴がありますが,能力の発揮（実行状況）が何らか
の要因によって妨げられ低下している場合,阻害因子を除去し環境を改善して個人が本来有して
いる最高レベルの能力が発揮できるようにします。そしてその一方で,個人の能力開発を進めよ
うとします。子どもの成長・発達の可能性を見極め,適切な環境づくりの下で一人ひとりの能力
向上を適切に図り,個々の潜在能力を大いに発揮できるようにすることが大切となります。

(4) 良さの尊重

ICFでは,人のプラスの側面（長所や強み）を大切に見つめます。人のプラスの側面を伸ば
しながら,障害（生活機能の低下）の改善を図ろうとすることが効果的であることは,さまざま
なリハビリテーション分野においての経験的な研究によって明らかにされています。

(5) 個性の尊重

ICFは個性を尊重します。生活機能には,背景因子としての個人因子が関与します。一人ひ
とりの生活機能を高めるための支援・援助の方策を考えるときには,各個人の特徴やものの考え
方,思い,行動様式等々に応じていく必要があります。

(6) 主体的な生き方の支援

本人の自己選択や自己決定に基づいて,一人ひとりが主体的に社会に参加・参画できるよう対
応を図っていくことが大切です。周囲の適切な支援と本人の前向きな態度が相まったときこそ,
真の良循環がもたらされるものと考えます。自尊感情や自己肯定感,自己効力感を養い,主体性
を高める適切な支援や環境づくりを進めていくことが大切です。

(7) 障害発生の原因や支援・援助の方策を見いだすパラダイム

ICFの生活機能モデルの理論的枠組みは,障害発生の原因を考えたり,支援・援助の方策を
見いだすメカニズムとしての意味を有しています。ICFを通して,個人の状態や状況を分析的
に把握し,適切な支援・援助の方策を検討できるように,その枠組みを大いに活用していくこと
が大切です。

Q6 ICF-CYについて説明してください。

 WHOは，ICFの項目が子どもや発達初期の乳児への活用に難しさがあるとして，2002年にICF-CY（ICF version for Children and Youth）のワーキンググループを立ち上げ，策定のための検討を開始しました。そして，ICFのうち0歳から18歳未満の乳児，幼児，児童の特徴を記録する際のICFの適用について，活動，参加，環境を包容するために児童青年期特有な内容を取り込み，2007年にイタリアのベニスでICF-CYが公表されました。

ICF-CYの内容を定め調整するにあたっては，子どもの成長や発達が大きなテーマとなり，発達途上にある子どもの認知や言語，遊び，素質，行動の特徴を含め，多くの観点から内容追加と拡充が図られました。そして，児童青年期の発達的特性や，家庭から社会へといった幼児期から青年期へと生活の質や量が拡大・複雑化し，変化していく状況に応じていくために，活動・参加の分類項目を中心としてICFの内容の改訂が行われました。

ICF-CYに0歳から18歳までの子どもの発達や生活等の変化に対応する内容が多々追加されたことより，早期の治療的介入や学校教育段階において，ICF-CYの活用への期待が高まりました。ICF-CYは障害のある子どもの状態や状況を把握し，支援・援助の方策を検討する際の共通言語，他職種間の連携のツールとしても高く評価できるものです。

なお，ICFにおいて，参加は「生活・人生場面への関わり」と定義され生活機能の社会的側面を表します。しかし，児童の生活・人生場面は成人と異なり，子どもの発達に伴った生活・人生場面をとらえるべきことが論議されました。それにより，ICF-CYにおいては参加の対象を主たる養育者の関係や一人遊びから，学校教育に至るまでの子どもの発達に伴った身近な生活・人生場面をとらえるなど，子どもの参加の場の対象をどこに置くかについての考え方をシフトさせました。このことは，子どもの生きる姿全体をとらえる考え方をより詳細に見つめる手がかりを多くの教師にもたらすとともに，子どもの養育や教育における身近な環境づくりのあり方について考える視点を提供するものとなっています。

18　I　ICFについて理解しよう！

Q7 生活機能の活動と参加について説明してください。

☞　WHOは，活動（Activity）は「課題や行為の個人による遂行のことである」と定義しています。つまり，活動とは，生きていくうえで必要なさまざまな行為のことです。また，参加（Participation）は「生活・人生場面（life situation）への関わりのことである」と定義しています。つまり，参加とは，社会参加の概念よりも広く，人間として生きていくうえにおいていろいろな状況に関与して，役割を果たすということです。

1 活動と参加

　ICF/ICF-CYは「人が生きる」ことを，①生命レベル（心身機能・身体構造），②生活レベル（活動），③人生レベル（参加）の3つのレベルでとらえています。

　活動は，生きていくための生活レベルでのさまざまな行為といえるでしょう。活動は，生活行為を遂行するための一連の動作からなる具体的な行為です。私たちが毎日行っている日常生活動作が，わかりやすい例でしょう。生きていくうえで必要な排泄・洗顔・歯磨き・衣服の着脱・食事・入浴・睡眠などです。もちろんそれ以外の活動もあります。洗濯・調理・掃除などの家事行為も，仕事場面での機械操作・事務・販売活動など社会生活を営むうえでの行為も活動です。趣味・旅行・スポーツなどの余暇活動も，活動の一部です。

　参加は人生レベルにおける概念で，生活や人生場面への関わりのことと定義されています。しかし，たとえば買い物に行くという参加は，歩いて店に行く，必要な物を探す，お金を払うなどの活動・行為によって成り立っているというように，参加の具体像が活動であるともいえます。また，自分が食べるために調理をすることは活動ですが，家族のために調理をすることは参加といえます。一人でジョギングをすることは活動ですが，マラソン大会で走ることは参加といえます。すなわち，活動は，生活行為を遂行するための一連の動作からなる具体的な行為ですが，その行為が生活や人生場面での関わりであるならば，参加ということができます。

　このように活動と参加を厳密に区別することは困難ですし，また完全に区別しなければならないものでもありません。活動は個人レベルの生活行為，参加は集団レベルや社会的な関わりのある行為として考えればいいでしょう。

　また，「参加の制約（participation restrictions）とは，個人が何らかの生活・人生場面に関わるときに経験する難しさのことである」と定義されています。

②活動・参加の項目

　ICF/ICF-CYでは，活動と参加の領域を区別しないで単一のリストにまとめ，dという項目で表示しています。大項目として「学習と知識の応用」「一般的な課題と要求」「コミュニケーション」「運動・移動」「セルフケア」「家庭生活」「対人関係」「主要な生活領域」「コミュニティライフ・社会生活・市民生活」に分類され，それぞれの項目を掘り下げていくとICFは1443，ICF-CYでは1600余りあります。

　リストでは共通項目にまとめられていますが，実際に使用する場合には，たとえば「d110 注意して視ること」を，活動として記載する場合は「a110」(a:activity)，参加として用いる場合は「p110」(p:participation) と，記載して用います。

③「できる活動」と「している活動」

　ICF/ICF-CYの特徴は，「活動」を「できる活動」（能力，Capacity）と「している活動」（実行状況，Performance）の2面からとらえている点です。

　「できる活動」（能力）とは人が最大に能力を発揮できる環境（標準的環境）で測定される最高の能力です。一方，「している活動」（実行状況）とは，現在の生活（現実環境）の中で実際に行っている活動（実行状況）です。この活動（実行状況）は，その人の実際の生活を観察することによって把握できます。もし，「している活動」（実行状況）が「できる活動」（能力）と比べて落ち込んでいるならば，環境を改善することによってカバーする必要があります。また，障害のある人の「できる活動」（能力）が，障害のない人の標準的な能力と比べて落ち込みがあるならば，これは個々人に対する能力開発という形で補っていくものです（**図1-3**参照）。

図1-3　標準（促進的）環境　Standard Facilitating Environment, WHO(ICF, 2001)

　たとえば表出言語のない自閉症の子どもの中には，内言語は豊富で言語理解はできても表出できないためにコミュニケーション能力が低いという子どもがいます。この場合，文字盤やVOCA，パソコンなどを活用できれば最高能力が発揮できます。文字盤などの道具が，環境改善となるわけです。それによって，本人の潜在的な能力としての「できる活動」（能力）が，現実環

境における「している活動」（実行状況）へとなっていくことが期待できるのです。また，教師やリハビリテーションの専門家が経験や知識をもとに，さらに教材や補助具の工夫をして，その人に「個人的介入」（教育，リハビリテーション）をしていくならば，障害のない人の能力により近づけられる可能性があります。

④ 学校教育の場における活動と参加

　学校での子どもたちの活動は，学校に来て学習の準備をすること，教室で勉強すること，休み時間に自由に過ごすこと，給食を食べることなどさまざまです。これらはすべてICF/ICF-CYでは「活動」ととらえることができますが，同時に「参加」である行為も含まれています。

　学校における子どもの現在の生活を考えるためにICF支援シートを書く際には，学校生活を送るうえでの個人的な行為については「活動」として，友だちとの関わりや集団生活における活動は「参加」として考えるといいでしょう。

　個々の子どもの活動を考えるうえで重要なことは，「している活動」だけでなく「できる活動」について考えることです。教師の援助によって「できる活動」が増えていく可能性が多くあります。実態把握に基づいた目標設定は，「できる活動」を生み出すための第一歩です。

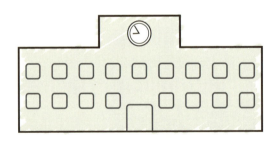

Q8 背景因子とは何ですか。

☞ ICIDHとICF/ICF-CYとの大きな違いは，ICF/ICF-CYでは背景因子（Contextual Factors）を導入したことです。私たちの「生活機能」に大きな影響を与える「背景因子」には２つあり，「環境因子」（Environmental Factors）と「個人因子」（Personal Factors）です。活動の制限や参加の制約（障害）は，環境因子や個人因子との関係性で大きくもなれば小さくもなります。

①環境因子とは

ICF/ICF-CYでは，環境因子は物的な環境だけでなく，人的な環境や社会的な意識，そして制度的な環境も含め，広く環境をとらえているのが特徴です。ICF/ICF-CYでは，環境因子の大項目として「生産品と用具」「自然環境と人間がもたらした環境変化」「支援と関係」「態度」「サービス・制度・政策」をあげています（下位項目についてはICF/ICF-CYをご参照ください）。

障害のある子どもの環境因子を考えてみましょう。

人的な環境としては，もちろん両親や家族，そして学校の友だちや地域の人たちなどです。まず両親の子どもへの関わり方が，本人の性格や習慣，そして全般的な発達に大きな影響を及ぼすことは言うまでもありません。親が本人を買い物や遊びに連れて行くことや，日常生活の関わり方によって，本人の活動や参加に影響します。きょうだいも相互的に成長や生活に影響を及ぼす存在です。また，友だちとの関係性も，学校生活を送るうえで重要な要因となります。地域の人々の本児に対する意識や態度も良きにつれ，悪しきにつれ，いずれも環境因子です。社会的な障害者に対する意識が人々に影響しますので，社会の障害者観も環境因子といえます。

制度的な環境としては，学校教育，福祉サービス，あるいは教育制度や障害者福祉政策などもすべて環境因子です。学校という場を考えるならば，特別支援学校や特別支援学級も環境因子であり，担当する教師，指導のための教材・教具，また教師の言葉かけも環境因子です。本人の活動や参加に影響する環境的な要因は，すべて環境因子であるといえます。

したがって，環境因子には阻害因子もあるといえます。人間として生活するうえでのネガティブな要因が阻害因子です。虐待や貧困，貧弱な教育環境，劣悪な人間関係などがそれに当たります。

②個人因子とは

個人因子とは，その人固有の特徴のことです。ICF/ICF-CYでの分類は，将来の課題とされ，その例が示されているだけであり，現時点では項目としては示されていません。そして個人因子

の中には阻害因子というものは考えられていません。個人因子の例としては，年齢，性別，生活歴，価値観，ライフスタイル，コーピング・ストラテジーなどです。個人因子は，その人自身の個性であるともいえます。それまでの成育歴や幼稚園・保育園・小学校・中学校などの学校歴，そして性格など，その人自身の特徴が個人因子です。個人因子は，生活機能に大きな影響を与えますし，生活機能からの影響も受けます。たとえば，身体的な生活機能レベルは同じようであっても，個人因子によって生活スタイル・社会参加は大きく変わってきます。また，個人因子も生活機能や障害によって影響を受けることは言うまでもありません。

Q9 構成要素間の相互作用とはどのようなことですか。

☞ 構成要素間の相互作用とは，健康状態，そして心身機能・身体構造，活動，参加の3つの生活機能と，環境因子や個人因子といった背景因子が相互に関連し合い，生活機能を高めたり，低下させたりすることです。

① 構成要素間の相互作用と指導・支援の糸口

子どもの実態をとらえたり，指導・支援のあり方を検討するにあたっては，こうした構成要素間の相互作用の考え方を生かすことが重要です。どのような要因によって外出の困難が生じているか，どのような点に着目して指導・支援を展開すれば子どもの機能が高まっていくか，多面的に考察するのです。そしてどこに着目し，どう指導・支援を切り開いていくか，その糸口を見いだすことが大切であり，そこに専門家としての知見が問われるのです。

② 構成要素間の相互作用の図

図1-4は，ICF生活機能モデルの構成要素間の相互作用を説明するために，ある視覚障害児の簡略化したICF支援シートです。

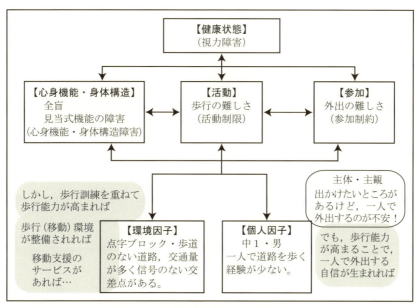

図1-4 視覚障害児のICF支援シート

24   I   ICFについて理解しよう!

この視覚障害のある中学1年生男子は，全盲で環境の把握ができず歩行が難しいため，外出が困難な状態にあります。自宅周辺は点字ブロックが整備されておらず，歩道のない道路も多い状況です。しかも交通量は多いが信号機がない交差点も多々あります。この子どもは歩行経験は少なく，日ごろ，一人で外出する大きな不安を抱えています。この子どもの外出の困難は，いくつものマイナス要因が重なって困難な状況が明らかに生じています。

しかし，「もし移動支援を受ければ…」，あるいは，「歩行訓練を通して歩行能力が高まり，一人で外出する自信がつけば…」，また，「周辺道路に歩道や点字ブロック，音声信号の設置等が進み，視覚障害者が歩きやすい環境が整備されれば…」，この子どもの外出はどうなるでしょう。各因子に記載されたことがらを相互に関連づけて考えていくと，一人で外出ができるようになる指導・支援の方策がさまざまに見いだされてきます。

構成要素間の相互作用の考えに立ち，子どもの状態や状況をさまざまな視点から多面的・総合的にとらえることにより，その子どもにあった指導・支援のあり方が考えられます。

たとえば，この視覚障害児の外出を可能にする（参加保障）ことを考えたとき，子どもの歩行能力に課題があり，歩行経験が少ないときは，外出は手引き等の他者の支援（環境因子）が求められます。点字ブロックや音声信号の整備など，歩行環境が整えば外出はもっと容易な問題になるかもしれません。そうした環境保障も求められるところです。そして一方では，歩行能力の向上は子どもが生きていくうえでの欠かせない課題でもあることから，学校で歩行指導プログラムを立案して指導に当たることになるでしょう。なお，指導場面においては，子どもが歩行能力獲得への期待がもてるよう個人因子（主体・主観）にはたらきかけるとともに，子どもが菓子類の購入等を喜ぶとすれば，近くのコンビニエンスストアに買い物に行くなどを子どもの目当てとして，歩くことへの意欲を高めたりします。そして，コンビニまでの経路において障害物の発見・回避，交差点の横断の仕方，必要な援助依頼の方法等々，身につけるべき課題を段階的に設定していくでしょう。学習の際には，子どもの努力や学習の成果を大いに認め賞賛しながら，一人で歩くことができる自分を実感させ，自信の体得を進めたりします。そして，歩行指導のコースを拡充し，さらなる歩行技能の習得を図って生活場面への般化を進めていくことになるのです。

以上のように，構成要素間の相互作用の視点に立って子どもの状態をとらえたり，指導・支援のあり方を考えることにより，子どもの状態を多面的・総合的に見つめることができ，そして指導を適切に考えていくことができるようになるといえます。

コーディングはどのように行い，どのように活用しますか．

☞　ここでいうコーディングとは，子どもの状態や状況を，ICF/ICF-CYの分類項目のどれにあてはまるかを検討し，該当するコードを見つけ，そのコードに子どもの諸因子の状況の程度を評価する評価点をつけ加えて分類コードを作成することです．

1 ICF/ICF-CYの分類項目とコード

　ICFでは，障害に関することや健康に関することなどを，1424項目に分類しています．ICF（ICF/ICF-CYも同じ）の分類リストは，アルファベットと数字を組み合わせた方式で分類されています．心身機能はBodyの略でb，身体構造はStructureでs，環境因子はEnvironmental factorsでe，活動（Activity）と参加（Participation）はdという項目に分類されています．活動と参加がdと分類されているのは，たとえば，買い物は活動とも，参加ともとらえることができるというように，活動と参加の領域が区別しづらいからです．ただし，具体的なコーディングのときには，そのdの項目を活動としてみる場合にはa，参加としてみる場合にはp，と表すので，dという記号は使いません．

　数字は，左から第1分類，第2分類，第3分類といったように，大分類から中分類，小分類への分類コードを示しています．たとえば，長期記憶機能であればb1441と示され，b（心身機能）の中の1：精神機能，44：記憶機能，1：長期記憶機能という5分類になっています．なお，小分類の中には，8や9といった表記もありますが，8は「その他の特定の」，9は「詳細不明の」ということで，わからないものはわからないままに詳細不明として一応は分類して使用するための表記です．実際に把握した諸因子の状態をICF/ICF-CYの内容分類のコードと照らし合わせる場合は，まず大分類のチェックをし，中分類，小分類へと進めていきます．

2 評価点

　コーディングにおいて，ICF/ICF-CYのコードに評価点を付加します．たとえば，長期記憶機能が軽度な障害の場合には，1の評価点をつけて「b1441.1」といったように分類項目の番号の最後に評価点をつけます．評価点は，心身機能であれば，機能障害の程度に応じて，1：軽度の機能障害，2：中等度の機能障害，3：重度の機能障害，4：完全な機能障害をつけます（8：詳細不明，9：非該当）．身体構造の評価においては，1：全欠損，2：部分的欠損，3：付加的な部分，4：異常な大きさ，5：不連続，6：位置の変異，7：構造上の質的変化（液の貯留含む）とします（8：詳細不明，9：非該当）．

活動や参加の項目においては，実行状況と能力の2つの評価点をつけます。実行状況は第1評価点，能力は第2評価点としてつけます。たとえば，実行状況は重度な困難（評価点3）ですが，能力は軽度な困難（評価点1）である場合は，「.31」となります。これにより，「能力は本来あるのに実行状況が低い。環境に問題がある。環境を改善する必要がある。」と判断されます。

図1-5　コーディングの例

3　コーディングを活用する

　ICF/ICF-CYの分類項目は，心身機能・身体構造や活動・参加，環境因子等を整理するためにわかりやすくコード化されています。たとえば視野の機能障害があれば，感覚機能と痛みの中の視覚機能，視野（b2101）に該当し，一部視野欠損の状態が把握できれば軽度の機能障害として評価点を付加して，b2101.1として表すことになります。

　このように，コーディングをすることで，その子どもの機能障害や活動参加の状態・程度を明らかにすることができ，子どもの状態像の的確な把握や適切な支援・援助の検討につなげていくことができるといえます。また，ICF/ICF-CYの特徴は多職種間での情報共有ができることです。コーディングして作成された子どもの評価は，教育現場だけではなく医療や福祉などでも共通して使用できるので，よりきめ細かな支援・援助の検討につながるのです。

II
ICF-CYにおける子どもの見方！

Q1 ICF-CYによって子どもの見方が変わりますか。

☞ ICF-CYの観点から，「障害」を個人の問題としてとらえるのではなく，環境因子等との関係性の中でとらえることにより，子どもの活動や参加の問題を多面的にとらえられるようになり，子どもの見方にも当然変化が生まれてきます。

① 障害だけを見るのではなく，子どもの全体像から障害を考える

ICF-CYでは，一人ひとりの人間の生活像を見るうえで，人間をさまざまな要素が絡み合った一つの存在として大きくとらえています。障害に伴う問題だけではなく，俯瞰的な観点から子どもを見られるようになることで，その子に起きている生活上の問題がどの部分で，いかなる理由で生じ，そしてどのような影響を及ぼしているのかなどを理解しやすくなります。そして，その子どもの現在と将来を大局的に見通して，そのうえで今，何をしたらいいのかという観点で今後の支援を考えていくことができ，障害に基づく困難さに対して現時点での支援内容の優先順位を絞りやすくなります。

② 「できないこと」が，障害だけによるものではないことを理解する

これまで，「あれもできない，これもできない」と，子どものできないところばかりに注目して，それは「障害だから仕方ない」と判断していたかもしれません。でもICF-CYの視点により，問題が起きている理由を環境面や本人特有の背景から考え理解することで，子どもの行動や状態を多面的・総合的にとらえることができるようになり，問題の原因を取り除くための方策を考えることにシフトすることができます。

③ 「学校」だけで問題を解決しようとするのではなく，広い視点で考える

家庭の養育能力・経済力などの問題，地域社会の問題，そして医学的な診断や治療の必要性など，学校ができることの限界を超えたところに問題がある場合も多くあります。そういったことにICF-CYの観点から気づくことができ，学校だけが問題を背負い込むのではなく，保護者・家庭との連携や支援，地域社会への啓発や連携，医療・福祉・労働などの関係機関との連携などを考慮しながら共に子どもを育てていこうとするようになります。

④ 診断名だけで判断したり，子どもへの「レッテル貼り」をしたりしない

その子の受けた診断名は，その子の状態・特性を理解する一つの手がかりにはなりますが，子

30　Ⅱ　ICF-CYにおける子どもの見方！

どもの成長・発達には環境等が大きく関与し，子どもによって状態像が大きく違ってくることに気づくことができます。発達障害（自閉症スペクトラム障害，学習障害など）という診断名は症候群であり，その状態像は多様であるため，対応方法も子どもに応じて考える必要があります。

5 教師の側に子どもをそのまま受け入れるという気持ちの余裕が生まれる

　子どもを理解するということは，単に子どものありのままの姿を受け止めることだけではありません。子どもの状態をきちんと踏まえたうえで，その子どものニーズやそのニーズに応えるための支援策を併せて考えることができなければ，本当の意味で子どもを受け入れたということにはなりません。また，逸脱した行動は子ども自身の問題でなく，子どもを取り巻く環境に問題があったりすることが理解されたりします。ICF-CYの視点から子どもを見つめることにより，生育歴や環境の問題も含めて子ども理解が深まり，教師が子どもを受け入れる気持ちの広がりがもたらされるのです。

　なお，ICF-CYを取り入れた実践を行った教師たちは，次のような感想を述べています。

・「なぜできないのか」「このくらいできて当然」という目で，子どもを見なくなった。

・子どもをよく観察するようになった。

・子どもにやさしく接するようになった。

・子どもが「できること」を考えるようになった。

・言葉かけが変わった。

・高望みをしなくなった。

・いらいらしなくなった。

・子どもの力をきちんと評価できるようになった。

・トラブルを見越した指導ができるようになった。

Q2 ICF/ICF-CYでプラス面を大切にするのはなぜですか。

 ICIDHは機能障害や能力障害，社会的不利といった人間のマイナス部分に焦点を当てていましたが，ICF/ICF-CYは人間の肯定的側面（プラス面）にも焦点を当て，重視したとらえ方をしています。

ICF/ICF-CYは，ICIDHと同様な3つの階層的視点をもちながらも，人間の生活機能といった中立的な視点に立ち，心身機能や活動，参加における機能の状態をとらえるものです。そして，3つの次元について評価し，それらが低下している状態（機能障害・構造障害，活動制限，参加制約）を障害（マイナス部分）としてとらえ，さらにさまざまに生じる活動制限や参加制約は，単に個人の機能障害に起因するものでなく，環境等の関連によっても生じるものと考えます。

WHOはICF/ICF-CYにおける肯定的側面と否定的側面のとらえについて，活動や参加の状態をコード化していることが肯定的側面のとらえと説明しています。そして，ICF/ICF-CYは中立的な見方に立ち，人間の生活機能に視点を当てたものであり，活動や参加の評価において実行状況や能力の状態を肯定的にとらえられるとしています。

ややもすると教師の見方は障害（マイナス）部分への見方に偏る場合があります。しかし，障害や疾患を個人の問題とするのではなく，生活機能上の問題ととらえ，誰にでも起こりうるものであるとするICF/ICF-CY理念が確立されたことで，WHOが示すような肯定的側面（プラス面）をとらえようとする見方が広がってきました。障害（マイナス）はあるが，他の点の良い面（プラス面）を伸ばすことにより，障害部分がよりよく改善されることが多々あるという考え方です。つまり，ICF/ICF-CYのプラス面である「人間の良さや優れた部分を見つめ，それを支援・援助に生かそうとする考え」が浸透してきたということです。

子どもの指導を考えるとき，子どもの良いところを見いだし，良さを生かす指導を考えていくことが重要なことは言うまでもありません。子どもの良さを引き出し，それをさらに伸ばしていく中でこそ，子どもの学習や生活上の困難がよりよく改善されます。

一つの例をあげてみましょう。注意の集中の持続や集団のきまり・約束の遵守等は難しいけれども，手指を使った活動は好きで得意な子どもの場合，手指機能を用いる作業的課題を多く用意し，その意欲的な取り組みのもとで課題となる集中力や規律面の問題を解決するというような指導が考えられます。

Ⅱ ICF-CYにおける子どもの見方！

Q3 子どもの全体像を，ICF-CYの視点から考えるうえでの留意点は何ですか。

 子どもの実態をとらえようとするとき，日々観察されるさまざまな行動上のエピソードを記録し，そこから特徴的なことを整理するという方法を採る先生は多いのではないでしょうか。

しかし，教師が常日頃のさまざまな指導を通して子どもの実態を把握したつもりになっても，見方が偏ったり大切なことが抜け落ちたりすることがあります。子どもの全体像・実態をとらえていくためには，子どもの特徴を踏まえつつ，ICF-CYの心身機能・身体構造，活動・参加，環境因子等の分類項目を参考にすると，子どもの状態や状況をもれなく幅広い視点からとらえることができます。

たとえば，視覚障害（全盲）の子どもの場合，心身機能・身体構造の障害（視力の障害）があるがゆえに，歩行が困難であると判断してしまいがちですが，実は見えないといった視力の障害とともに，見えないことによる見当識機能の障害によって周囲の状況を把握することが難しいことが関与しています。つまり，目が見えないということから，空間認知などの見当識にも障害を生じているといえます。

また，活動・参加の実態を把握するときにも，教師は子どもが今直面している子どもの（行動面や学習面での）問題・課題に目を向けてしまいがちです。しかし，その子どもには，実は将来に向けてじっくり指導しなくてはならない課題が見いだされることがあります。たとえば，情緒が不安定で集団参加が難しい子どもは，情緒の安定を図る環境づくりや指導が切実な課題として取り上げられたりします。これは環境因子を変えることにより行動の変容を促そうとするものであり，必ずしもまちがったアプローチではありません。しかし，本人の心身機能や活動の状況に目を向けてみると，身辺のことがらの処理（セルフケア）にも大きな課題があったり，運動機能面やコミュニケーション，対人関係の基礎に問題があったりする場合も少なくありません。つまり，環境因子のみならず，心身機能や活動・参加という観点からもその子どもの実態をとらえることにより適切な支援・指導が行えるようになるのです。このように子どもの発達過程やめざす将来像を見つめ，子どもの実態をとらえることが大切なのです。

子どもの全体像をよりよく把握するためには，子どもの現時点での実態を踏まえながらも，成長・発達についての幅広い情報を含んだICF-CYの分類項目を参照し，幅広い視点に立って子どもの姿を見つめることが必要といえます。

「健康状態」は，「活動」や「参加」にどのように影響していますか。また，その相互作用は何ですか。

活動の制限や参加の制約である「障害」を起こす原因として「健康状態」が影響しているのは言うまでもありません。ICIDHでは「疾病・変調」とされていました。ICF/ICF-CYでも，健康状態の項目・内容としては，自閉症やダウン症等の診断名が該当しますが，栄養不良や妊娠などの健康上のさまざまな状態を含む広い概念でとらえるようになっています。

1 「健康状態」が「活動・参加」に与える影響

「健康状態」は，「心身機能・構造」に影響するだけでなく，「活動・参加」へも直接影響を及ぼします。たとえば，ダウン症で肥満である子どもの活動・参加を考えてみましょう。肥満であるがゆえに，体を動かすことが鈍化して，さまざまな運動がスムーズにできなくなります。また，心臓疾患があれば，少し動くことによって息も苦しくなり，運動を続けることが困難になります。

ふだんは健常な子どもでも，風邪をひけば熱が出て活動に制限を及ぼし，参加にさまざまな制約が出てきます。また，健康状態から「病気だから無理をしてはいけない」という気持ち・本人の主観にも影響があります。そして，無理をすればいつもの活動ができる状態にあっても，「無理をしてはいけない」という思いから「活動」の量を下げてしまうことがあります。また，風邪などの感染症は，「参加」にも影響を及ぼします。風邪に罹患していることにより，症状とは関係なく，友だちと遊んだり，集団の中に入ったりすることを遠慮するなど参加の制約が生じることもあります。

2 「活動・参加」が「健康状態」に与える影響

肥満の例で考えてみましょう。食習慣・運動習慣・休養などの生活習慣が，その発症・進行に関与します。「食習慣・運動習慣・休養」を「活動・参加」と考えたとき，食事の量を制限したり，運動量を増やしたりすることは，肥満を抑えることに影響します。一方で，運動量が減少したり，偏った食事や食べ過ぎたりすることは肥満を増長させることに影響します。このように「健康状態」と「活動・参加」は相互作用しているといえます。

また，この「活動・参加」は，たとえば親子で屋外で遊ぶ時間を多くする，スポーツクラブに入って運動を行うなどの環境因子とも相互作用があります。このように環境因子を変えることでも，この「活動・参加」は変わり，肥満という「健康状態」に影響を及ぼすのです。

Q5 「個人因子」と「活動」「参加」との相互作用について説明してください。

 IのQ8でも述べたとおり、ICF/ICF-CYでは、「個人因子」は例が示されているだけで、項目としては示されていません。「個人因子」とはその人の固有の特徴のことで、「活動」「参加」にさまざまな影響を及ぼします。たとえば、「絵を描くことが好きであり、『得意』だと思っている」という特徴は個人因子です。この思いから、「休み時間に友だちと一緒に絵を描いて遊ぶ」という「活動」「参加」へとつながります。また、「活動」「参加」も「個人因子」に影響を及ぼしますので、相互に作用しているといえます。

① 「個人因子」の「活動」「参加」への影響

R君（自閉症、小学1年生、通常学級在籍）の例で説明しましょう。ICF支援シートの個人因子の欄には、次のように書かれています。

【個人因子】
・小1男子。
・幼稚園のときには要支援児だった。
・一番にこだわる。
・昆虫や恐竜が好きである。
・WISC-Ⅲの結果は平均域だが、発達に偏りがある。

R君の場合、授業中や休み時間など学校生活の多くの場面で「1番にこだわる」特徴がありました。そのために、じゃんけんで決めた順番を守ることが難しかったり、後から来たのに列に割り込んだりと、友だちとのトラブルが多発していました。休み時間の子ども同士での遊びもうまくできませんでした。この特徴から活動の「制限」や参加の「制約」を招いていたのです。

そこで、通級による指導を開始し、ソーシャルスキルトレーニング等を行いました。その結果、「1番じゃなくてもいい」という気持ちが少しずつ育ってきました。すると、「制限」や「制約」は少なくなっていきました。たとえば、それまでは負けていると途中で腹を立ててやめてしまっていた「すごろく」を友だちと一緒に楽しめるようになったのです。また、R君はふだんは一人で遊んでいることが多いのですが、「昆虫や恐竜が好き」なので、図鑑を見るときは同じ興味のある友だちと一緒に楽しむことができます。

「個人因子」である本人の思いや主観は、その子どもの「活動」「参加」に大きく影響を及ぼ

しており，思いや主観が変容することにより「活動」「参加」にも変化が生じるのです。

②「活動」「参加」の「個人因子」への影響

　Kさん（中学１年生，通常学級在籍）の事例で説明しましょう。ICF支援シートの個人因子の欄には，次のように書かれています。

```
【個人因子】
・中１女子。背が低い。
・小学校４年のときに不登校になり，その後もときど
　き登校渋りがある。
・歌うことが好きである。
・恥ずかしがり屋であり，集団が苦手。
・知能検査の結果は，境界線域である。
```

　Kさんは，中学入学後しばらく，他の生徒の登校時間を避けて早めに登校してきて，教室には入れず別室登校をしていました。集会活動や儀式的な行事に参加することが難しく，教室で待機していることが多くありました。とても恥ずかしがり屋で，ごく親しい数人の友だちや先生とだけ会話をするほかは，うなずく程度でした。また，「小学４年生のときに不登校だった」ため，学習空白の影響があり授業についていくことも難しい状況でした。

　こうした特徴や学習歴が，「制限」や「制約」になっており，学校での「活動」「参加」がなかなかうまくできませんでした。

　そんな状況の中でしたが，Kさんは合唱部に所属していて，他の部員と一緒に，音楽室での練習には毎日参加することができていました。小学校のときも５年生から合唱部に入っていて，ほとんど休まずに練習をしていました。そして，小学校を卒業するときには「中学校で合唱部に入って金賞を取りたい」と希望を語っていました。Kさんの歌声は，高音が伸びるきれいな声です。そのことを他の部員は認め，一目置くようになりました。顧問の先生からもよく賞賛されました。Kさんは周りに認められることによって自信がつき，会話のできる友だちが増えていったのです。合唱部での活動中に笑顔が増えるにつれ，「恥ずかしがり屋」という特徴が少しずつ減っていきました。自信のある「活動」が増え，集団への「参加」がそれによって増えたといえます。この「活動」「参加」が，Kさんの「歌うことは得意である」「人前で歌うことは恥ずかしくない」「友だちと一緒にいることは楽しい」というように彼女自身の「個人因子」に大きく影響を及ぼしていったと考えられます。

Q6 「環境因子」と「活動」「参加」との相互作用について説明してください。

　「環境因子」とは，建物，道路，交通機関，福祉用具などの物的な環境だけでなく，友だちや家族，先生など人的な環境も含んでいます。また，社会が障害のある人をどのように見ているかという社会的な意識や社会の制度も含むものです。この因子は個人の外部にあるために，「活動」「参加」に対して肯定的にも否定的にも影響を及ぼします。

アスペルガー症候群・ADHDと診断された中学1年生のK君の事例で説明しましょう。

1　K君の実態

K君は通常の学級に在籍しています。がんばろうという気持ちをもっていますが，小学校時代は周囲の状況に合わない行動をとったり，カッとなり衝動的に暴力を振るってしまったりすることがよくありました。些細なことで気持ちが乱れ，落ち着いて学習に取り組めない状況が小学校時代から続いています。父母は教育熱心で，医療機関に通わせたり，サポートセンターで活動させたりしてきました。小学校のときは，通級指導教室での指導も受けていました。

知的な遅れはないものの学力は低く，中学に入学してからは，授業中は別なことをして過ごすなど学習への取り組みはしだいに悪くなっていきました。そのうち精神的な不安定さが見え始め，保健室に通う回数が増え，自分の髪を抜いてしまう自傷行為も見られてきました。

2　環境因子と活動・参加の様子

K君にとっての問題を，本人を取り巻く「環境」に視点を当てて考えてみましょう。

まず，本人には苦手なことがたくさんあるのですが，それをどうすればよいか相談する人がいませんでした。さらに，両親からの大きな期待と無言の圧力があり，本人は苦手なことを「できない」とは言えずにいました。できないことを隠すために，「やらない」という姿勢をとって自分のプライドを保っている様子がうかがえます。また，「がんばっているのに認められない」「がんばっているのに馬鹿にされる」という状況も自分ではどうしてよいかわからず，精神面で追い詰められた感があります。その状態を，ICF支援シートの環境因子（次頁）にまとめてみました。

【環境因子】

・父：教育熱心で非常に厳しい。

・母：Kに対する期待が大きい。学校に協力的。

・親しい友だちがいない。

・クラスの中で，からかわれることが多い。

・特別支援学級で個別指導が受けられる可能性がある。

・理解のある部活動顧問や養護教諭がいる。

③ 環境因子の調整と活動・参加の様子

　K君にとっての問題が，「環境」に依拠するものが大きいことがおわかりでしょう。中学校の特別支援教育コーディネーターは，そこを調整するための手立てを考えるために，校内委員会で話し合いをしました。

　まず，参加することが苦手な活動や教科（国語・数学）については，校内操作により特別支援学級で個別指導を受けることにしました。K君は，「落ち着いて学習できる」といって通級し，1日のうち1〜2時間を特別支援学級で過ごすようになりました。今まで手をつけようとしなかった学習課題にも，少しずつ自分から取り組むようになりました。部活動においても，集団に入れない状況のときは顧問が個別に対応し，無理のない活動を与えて参加を促しました。すると，休みがちだった部活動も休みが少なくなってきました。

　そして，他人とトラブルになったときは，本人のプライドを傷つけないように相談室などの落ち着いた個別の場で指導することを，学校全体で共通理解しました。

　父母に対しては，本人の特性・特徴について医療機関を通してもう一度よく理解してもらいました。また，家庭でも学校と同じルールで支援していくようにお願いをしました。もともと学校に対して協力的な父母であったため，学校側の提案を理解してもらうことができ，家庭において過度の叱責や期待の声かけをしないように心がけてもらうことができました。

　こうして，精神的な安定が図られると脱毛もしだいに減っていき，半年後には，きれいに頭髪が生えそろうようになりました。

　K君の場合，「環境因子」を調整し，変えることによって「活動」「参加」に肯定的な影響を及ぼしました。そして，「活動」「参加」の状態が変化することにより，「環境因子」である父母の態度や意識もさらに変容が見られるようになりました。また，教師たちもK君の状態の変化に対して，支援・指導という環境因子を変化させていきました。

Q7

子どもの思い・主観をどのように把握すればいいですか。

☞ 子どもの思いを受けとめる力は，教師にとって大切な資質です。子ども自身が思いを訴えたり，話してきたりするときは，子どもの思いも認めやすいかもしれません。しかし，実際には，いじめられていた子どもが，連絡帳などではつらい思いを表出していても，直接先生が聞くと「大丈夫」と答えていたために，対応が不十分になってしまったという事例もありました。子どもの言葉だけではなく，表情や態度，行動などさまざまな観点から本人の思い・主観を把握する必要があります。また，障害の重い子どもや自分から話ができない，または，しようとしない子どもの場合においても，子どもの表情・行動・態度・活動状況や参加状況などからその子どもの主観を読み取る必要があります。

1 主観とは何か

　人間が生きていくうえで最も大切にされなければならないのが，人間としての尊厳だと考えます。どんなに障害が重くても，どんなに病気が進行していても，どんなに認知機能が劣っていても，人間としての尊厳は変わりません。障害が重くて，自分の意思を表出することのできない子どもであっても，本人からの何らかの発信を，保護者や先生たちは読み取ろうとします。その発信が，本人の主観・思いともいえます。快・不快の表出あるいは関わりに対する何らかの反応も，本人が生きている証であり，主観の現れです。年齢が低い場合や障害が重い場合も，主観を大切にすることが本人を大切にすることです。

2 子どもの主観把握は，指導の第一歩

　子どもの思い・主観に寄り添うことは，指導をしていくうえで重要なことです。子どもが，「将来，サッカー選手になりたい」という夢をもってサッカーに打ち込んでいるのに対して，「どうせ無理だから，早く辞めれば」と水を差す教師はいないでしょう。教師は，実現が無理そうな夢であっても，努力している子どもの現在の姿を評価しているのであり，そのプロセスで子どもたちが成長することを願っているからです。子どもにとっては「○○になりたい」という思いの一方で，「苦しいから嫌だな」というような思いもあることを理解しておくべきです。子どももさまざまな葛藤をかかえながら活動をしているのです。表面的な言動だけで子どもをとらえるのではなく，子どもの思い・主観をきちんと把握することが指導においては重要です。

　個別の指導計画を作成するうえで，本人の願いを書くことがありますが，「○○ができない」という実態に対して，本人の願いを「○○ができるようになりたい」と安易に記入している場合

があります。また，先生も，「〇〇ができるようになる」という目標設定をしたりします。本当にそれが本人の願いあるいはニーズとマッチングしているのでしょうか。勉強のできない子どもは，勉強ができるようになりたいという思いはもっていても，主観としては「どうせ，やっても駄目だ」とか「勉強はしたくない」という本音があるかもしれません。主観の読み取り方によって，対応も変わってきます。勉強はできないけれども本当にできるようになりたいという思いをもってがんばろうとする子どもに対する指導・支援と，勉強をしてもわからないとあきらめている子どもに対する指導・支援は当然異なります。本人の主観・思いをきちんと受け止めて，そこからスタートしていくことが重要なのです。

　子どもたちがもっている願いや要求に耳を傾け，その願いの実現を果たすことができるように支援や指導をしていくのが，教師や保護者の役割です。子どもの思いや願いを果たすためには，どのような力を獲得させる必要があるかを私たち教師・大人は理解しています。またその力の獲得のために，どのような学習や練習，経験などが必要かつ不可欠であるかも理解しています。子どもの思い・主観を把握することが，子どもの発達や成長を促すための支援・指導の第一歩なのです。

Ⅱ　ICF-CYにおける子どもの見方！

Q8 現在の状態からICF支援シートを作成すればいいですか。

　ICF支援シートは，現在の子どもの生活状況・発達状況を把握して作成するものですが，その目的は，今後の支援・指導につなげるためにあります。また，ICF支援シートの活動・参加の欄には現在の状態を記入しますが，個人因子の欄には，成育歴など必要であれば過去の情報も盛り込みます。これは，現在の状態の背景にあるものを考えるためです。また近い将来の子どもの生活も考慮したうえで，実態から目標設定を考えるようにします。過去を踏まえ，将来をも見つめながら現在の状態をとらえるのが，ICF支援シートです。

1 過去の成育歴で必要な内容

　現在の行動や特性などを考えるうえで，成育歴は必要かつ重要な情報です。たとえば，自閉症スペクトラム障害を疑われるような行動をとる子どものことを考えてみましょう。この行動の背景には，器質的に発達障害がある場合，愛着行動が形成されておらず人との関わり方を知らない場合などが想定されます。後者の場合，成育歴における母親（および家族）との関係性に関する情報が必要です。また前者の場合でも，自閉症スペクトラム障害の特性が顕著な場合や疑われる特性があったりする場合は，そのような特性・行動がいつごろから生じてきていたか，幼稚園・保育所のときの様子なども記録されることが望まれます。もちろん自閉症スペクトラム障害であるがゆえに保護者の関わりが少なくなり，愛着行動が形成されない場合も想定されます。この場合などは環境因子としての情報に母親の関わり方があるといいかもしれません。

　特別支援学級などに途中編入した場合も，学習面や行動面でのつまずきの背景が明確になると，本人の思いを理解するうえで参考になりますし，支援方法を考えるうえでも有効です。人間は誰でも，過去の自分があって現在の自分があります。現在の状態を理解するうえで過去の情報は重要です。

2 近い将来を見通した支援の方向性

　ICF支援シートは，子どもの発達を促すための支援・指導を具体化するためのツールです。支援方法や指導の方針を考えるために作成するものですから，課題となる現在の活動・参加の状況をきちんと踏まえておくことが必要です。そして，その課題を解決することが必ずしも目標に直結することではありませんので，課題解決のためには，回り道のように思えるステップを組むことも必要です。

　たとえば，自宅では暇があればパソコンやゲーム機で遊んでいる中度知的障害のある自閉症ス

ペクトラム障害の中学生がいたとします。何か他の活動に母親が誘っても,「嫌だ」と言ってパソコンから離れようとせず,生活上の他の活動に支障をきたしています。活動の欄には「自宅で時間があるときは,パソコンやゲーム機で遊んでいる」と記載することになるでしょうが,この子どもの支援・指導目標は,どのように設定すればよいでしょうか。当面の目標としては,「パソコンで遊ぶ時間を守ることができる」でしょうか。これに対して保護者ができることとしては,①パソコンができる時間を決める（でも,これだけで子どもが時間を守れるとは考えられません）,②別な活動・お手伝いをすれば,ポイントが貯まるようにしてそのポイント分の時間だけパソコンで遊べる,③パソコンにパスワードをかけ,勝手に使用できないようにし,約束が守れたときだけ使用させるなどの方法が考えられるかもしれません。いずれにしても本人に納得させて,約束・ルールを守らせるという手続きが必要です。

　こうしたはたらきかけによってパソコンを使用する時間が制限できたとしても,根本的な問題は解決できていません。最終的な目標は,「余暇の時間を自分で管理しながら,楽しむことができる」ではないでしょうか。そのためには長期的な見通しの中で,自分で楽しめる活動をいろいろ経験させながら,本人が興味をもった活動を遂行するスキルを獲得させていく必要があります。また,自分なりに自己統制して時間の管理ができる力も必要です。これらの力を獲得するには,半年や1年という短期的な取り組みでは無理で,長期的な見通しをもって時間をかけながらはたらきかけていくことが大切となります。

　そうであるならば「パソコンの時間を守れる」以外の短期的な目標として,本人の好きな「本や図鑑を読むことができる」とか,「トランプでゲームをすることができる」「買い物に一人で行くことができる」などの目標も考えられるかもしれません。本人が生涯にわたって生活をしていくうえで必要なことを,生活年齢に応じて,近い将来を見通した指導・支援をしていくことが求められているといえます。

　このように,本人に対してどのように関わっていくかについて,多面的・計画的・具体的に方策を考えていきます。本人の活動や参加を促す教師の存在やはたらきかけは環境因子となります。この環境因子を変化させながら,安心感を与え,自信をつけさせながら,活動や参加の状態を徐々に変容していくように企図していくことが重要なのです。

II ICF-CYにおける子どもの見方！

Q9 発達の視点と支援の継続性をどのように考えればいいですか。

 特別な教育的ニーズを有する子ども一人ひとりの支援のためには，本人主体の教育の充実を図るとともに，各学校において一貫性・系統性のある指導・支援の充実を図る必要があります。

そのためには，本人の実態把握に基づいた個別の教育支援計画を作成して，学校のみならず医療・福祉・労働等の関係諸機関と連携・協働していくという時間軸・空間軸をつなぐ組織的な取り組みの強化が求められます。

この際，本人の発達状況を適切に把握する必要があることは言うまでもありません。知能検査をはじめとする心理テストによるアセスメントや行動観察から現在の発達の困難性・つまずきを把握するという発達の視点が，教師には必要です。そして，個々の活動や参加において生じている課題に対して環境因子や個人因子との相互作用を考慮した支援を行っていくという方針が立てられる必要があります。これがICFの視点であるといえます。

1 発達の視点

障害児者への支援における発達的観点に関しては，発達を基盤に据えて人を理解することの重要性，すなわち時間的・発生的な過程として人を理解すること，生物学的側面と社会・文化的側面の両方から子どもをとらえることの重要性が示されています。一般的に使われている「気になる子ども」とは，同年齢の子どもたちと比べて，特異な行動があるとか年齢相応の行動が取れないと保護者・教員が感じる子どもです。定型発達の子どもと比べて発達的に問題を感じるという，まさに発達の視点から子どもを評価しています。

また，ある課題や行動ができるようになるには，時間的な順序性を考慮したはたらきかけが必要です。また，それにかかる時間は，障害の生物学的な特性やその環境によって異なりますので，その子どもの発達状況と発達ペースを十分に考慮することが大切です。たとえば，軽度知的障害の子どもは小学校低学年ですと学習の遅れもあまり目立ちませんが，中学年になって抽象的思考が必要となる課題においては，遅れが顕著に目立ってきます。一方，ADHDの子どもは高学年になるにつれ，離席や逸脱行動が減少し，落ち着きがでてきます。このように障害の状態像は変化をしていきます。どのような障害であっても，一人ひとりの子どもを発達的な視点でとらえていくことが重要なのです。

②: 支援の継続性

　発達障害の基本的な症状は生涯に渡り続きますが，乳幼児期から成人期まで，各ライフステージにおける状態像は変化していきます。学校教育（小から高）は12年間にわたる長期間の意図的なはたらきかけとなるので，長期的な展望をもち，その年齢や発達段階に応じた支援を工夫するとともに，支援の連続性を考える必要があります。特に障害が重い子どもの場合の支援は，単にその時点だけをとらえるのではなく，その子どもが学齢期を終了して社会に出て働くことまでをイメージしながら，その時点での支援を行うことが重要です。特別支援学校では，小学部から高等部までの一貫した指導が謳われていることが多いですが，実際に支援・指導を継続していくために個別の指導計画や個別の教育支援計画をより活用すべきです。

　比較的軽度な障害のある子どもの場合も，幼稚園から高等学校まで支援が連続していくためには，子どもの発達段階を踏まえた支援を考えること，個々の障害特性に応じた支援の目的や意味を，学校間を超えて共通理解することが重要です。学校間の支援の引き継ぎは，長期的な視野をもち，地域における子どもの将来の姿が描けるよう，支援者同士が情報を共有化する時間と場を積極的に設けることが重要です。現状では，子どもに対する支援は学校間で途切れてしまうことが多くあります。その理由として，「なかなか時間が取れない」「小学校と中学校は違うから」とか，中には「先入観をもたず，新たな気持ちで担任したい」というような理由にならない理由まであげられます。客観的に実態を把握し，これまで行ってきた支援とその理由を正確に伝えていくことが，本人にとって必要な支援が継続していくために重要です。

③: 時間軸の把握と発達の視点および支援の継続性

　本人を中心に置いた自立や社会参加をめざした教育をより一層充実させるためには，教育目標の明確化を図り，教職員全体で共有することや，一貫性・系統性のある指導内容や指導方法の見直しを図り，組織的に取り組むことが前提となります。

　これらのことから，①子どもの全体像と課題の背景を探り，課題の焦点化を行うことができるICF支援シートの活用を行うこと，②全体像の把握の中から見える子どもの「良さ」や「主体性」を中心にして，関係者間で子どもの情報を共有し，「豊かな生活」づくりに向けたそれぞれの方針や具体的な関わりの方法・内容等の検討を共に行うことが重要です。

　子ども一人ひとりは，それぞれが自分自身の「これまで」を生き，「将来」を見据えた「いま」を含む時間軸・空間軸に存在しています。この時間軸および空間軸は連続するものなので，子ども一人ひとりへのよりよい発達支援のためには，本人主体を前提とすることや，時間軸や空間軸における指導・支援の目標・内容・方法の意味づけ，重みづけ，関連づけ，方向づけについて再検討し，確かにつないでいくことが大切です。

4 指導・支援の「縦」と「横」をつなぐ

　学校だけでの指導では十分ではなく，学校と家庭の連携が必要ですし，学童保育などの福祉機関や医療機関との連携も必要です。特に就労移行期には，ハローワーク，企業，事業所などの関係者との連携が必要となります。子どもたちの発達を支え，自立へとつなげていくためには，指導・支援の「縦」と「横」をつなぐことが必須の条件となります。

Q10 ICF/ICF-CYの考え方は本人の自己理解に活用できますか。

　　ICF支援シートは，その人の生活状況を示すものです。したがって，本人がICF支援シート作成に参加することは，本人が自分の生活を見つめることであり，自己理解に有効であると考えます。

　本人が自分自身について見つめることができる生活年齢・発達段階を考えると，中学生や高校生の段階が想定されるでしょう。

1 ICF支援シート作成への本人参画の意義

　子どもの自己理解を深め，個々のニーズにより合った支援を行っていくためには，可能な範囲で本人が参画する，あるいは本人の意思をできるだけ反映したICF支援シートを作成することが大切だと考えます。子ども一人ひとりの願いや考えが反映されるために，子どもの姿に寄り添う共感的な関わりを心がけることとともに，併せて本人の意思をできるだけ反映させるための具体的な手立てについても検討していく必要があります。

　ICF支援シートを作成する際に，本人自身も作成に関与する取り組みを通して，自分の障害，つまり，どのようなことが活動の制限や参加の制約を生じさせているのかを理解し，自分の障害特性に関する理解を深めていくと思います。

　筆者は，知的障害特別支援学校の高等部生徒（軽度知的障害）を対象にICF支援シートを共に作成したことがありますが，「本人の願い」に基づく支援内容および方法の具体化を図るために，ICF支援シート作成時に本人が参加したことにより，本人および支援者双方にとっての「願い」から導き出された目標の共有が図られ，お互いのその後の取り組み（学習と指導）に有効であると実感した経験があります。

2 本人の願いの把握

　本人とともにICF支援シートを作成する第一歩は，本人から思いを聞き取ることです。まずは，将来の夢，そして今どんなことがしたいのか，できればいいと思っているかなどを聞きます。次に学習や生活で得意な面をきちんと評価したうえで，困っていること・苦手なことについて自己評価してもらうといいでしょう。そうすることによって，自分の「ああなりたい」「こうありたい」に基づく学習や家庭生活・学校生活・地域生活での行動について具体的な目標設定につながることが期待できます。そして，自分が目標を立てることによって，その達成のために周囲から受ける支援を受け止めやすくなります。

46　Ⅱ　ICF-CYにおける子どもの見方！

　ICF支援シートの構成要素の一つである「活動・参加」に着目し，「本人の願い」と関連づけて検討することは，難しいとされる願いの把握や願いを引き出す一つの方法です。

③ 本人のICF支援シート作成への関与

　ICF支援シートを作成する方法としては，ホワイトボードを活用するとよいでしょう。まず，「これからする学習は，あなたの得意なことや不得意なことを確認しながら，将来の夢に向かってどのように生活をしていけばいいかを考えることです」と作成の意味を伝えましょう。そして，ホワイトボードに書いた支援シートの枠を示し，「社会で生きている私たちは，人として生きていること（心身機能・構造），自分が活動していること（活動），人間として社会参加していること（参加），そして自分の環境と関係がある」ことを説明します。そして，本人の願いや思い（主観）そして，自分の行動や課題について話し合いながら，それぞれの項目について付箋紙に書き，該当する枠内に貼りつけていきます。そして，それぞれの関連性についても説明し，目標や支援について一緒に考えていくとよいでしょう。

④ 自己理解への活用

　ICF支援シート作成に本人が参画することは，本人による課題意識の明確化，環境調整（支援を求めること）の認識化を図ることができ，最終的には自己理解にもつながるものだと考えます。

　ともすれば，指導や支援は第三者による一方的な問題意識の伝達や目標設定になりがちですが，それは問題解決においても本人にとっての「なぜ，何のため」といった必然性を認識するための手続きが不十分である場合が多いためと考えます。また，本人が環境側にはたらきかけ，解決する機会や方略（ストラテジー）を学ぶ機会の不足等によって，結果として失敗経験となり，自己肯定感や意欲の低下につながってしまうことが少なくないのが現状です。本人による障害理解，課題の整理，そして自分なりの目標設定と周りから受けられる支援について理解が進むと，本人なりに安心して活動・参加していくことができます。さらに，本人による振り返りの機会を設定し，支援策についても調整・再検討しながら丁寧に支援していくことで，本人の自己理解とキャリア発達が期待されます。

コラム　合理的配慮とICFの活用

　障害のある子ども一人ひとりにとって必要となる合理的配慮とは何であるかを考えるうえで，ICFの考え方は有効なアセスメントツールとなります。

■合理的配慮とは

　合理的配慮（reasonable accommodation）は，障害者差別との関係において，1973年に米国のリハビリテーション504条で取り上げられ，1990年の「障害のあるアメリカ人法」（ADA）により，一般社会に広まりました。2006年に国際連合で採択された障害者権利条約では第二条において，合理的配慮は「障害者が他の者との平等を基礎として全ての人権及び基本的自由を享有し，又は行使することを確保するための必要かつ適当な変更及び調整であって，特定の場合において必要とされるものであり，かつ，均衡を失した又は過度の負担を課さないものをいう。」と示されています。そして，わが国においては，障害者権利条約の批准に向けて整備された改正障害者基本法（2006年）や障害者差別解消法（2013年成立，2016年施行）等の中で規定されています。

　学校教育における合理的配慮は，平易に解釈すれば，障害のある子どもが障害のない子どもと同様に学ぶ権利を保障するために，学習や学校生活上の困難を改善する個別的な環境整備といえます。たとえば，弱視児のための拡大教科書・書見台・照度調整等，音声言語による指示理解が難しい自閉症児に活用するコミュニケーションカードなどのツール，食べることに障害のある子どもの状態に応じた食（給食）形態の提供等々です。障害者差別解消法では，国および地方公共団体等は合理的配慮を行うことが義務となっていますが，「過度の負担を課さない」ものであり教育財政上または教育体制上無理のないものとなります。

■合理的配慮とICF

「合理的配慮を見いだすアセスメントツールとしてのICFの有効性」

　合理的配慮は，社会モデルの視点から論じられます。社会モデルは，障害は社会や周囲の環境が生み出すものとし，個人を取り巻く環境を改善することが社会の義務・責任とします。社会モデルの視点にある合理的配慮は，医学モデルと社会モデルの統合モデルとしてのICFに含めて考えることができます。ICFは合理的配慮を具体化していくうえでのパラダイムとなり，個々に必要な合理的配慮を見いだす有効なアセスメントとなります。

　ICF支援シートは，個々の障害の状態や活動や参加の状況，子どもを取り巻く環境や本人の個人因子を整理しながら，子どもが直面している学習や学校生活上の困難を除去するための環境整備の内容を構造的に明らかにします。合理的配慮は，ICFの環境因子であり，その促進因子です。ICFの考えは，障害の状態に応じた合理的配慮を見いだすうえでの実証的なア

プローチとなります。

「本人の合理的配慮の求めは個人因子（主体・主観）」

　合理的配慮は，障害者から何らかの助けを求める意思の表明があった場合，過度な負担にならない範囲で，社会的障壁を取り除くために必要な便宜のことです。当事者による合理的配慮の求めは，個人因子，そして主体・主観にあてはめて考えることができます。合理的配慮の主体は各個人の障害者であり，合理的配慮を求めることから始まり，合理的であるかどうかの検討がなされ，具体的な便宜提供の内容について合意形成が図られます。ICFの考え方を用いることで，子どもおよびその保護者の環境整備の願いが障害の状態や当人の活動や参加の状態とどう結びつき，どのような合理的配慮が必要であるかを構造的に明らかにすることもできます。

「合理的配慮に関する合意形成のためのICF支援シートの活用」

　ICFは，個々に必要な合理的配慮を見いだすアセスメントツールとして有効であるばかりでなく，障害の状態や子どもの活動や参加の状態等を記載したICF支援シートは，合理的配慮の必要性について関係者の共通理解を深め，合意形成を図るための有効な話し合いのツールとなります。

　特に合理的配慮の内容を決定する際には，本人・保護者と合理的配慮の内容について話し合い，合意形成を図ることが必要となります。本人・保護者との話し合いの際に，子どもの状態を記載したICF支援シートを活用することで，個々に提供する合理的配慮の必要性の根拠をわかりやすい説明ができます。また，校内委員会において個々の子どもに必要な合理的配慮の内容について，関係教師が話し合うときのツールとしても活用できるでしょう。

〔S.N〕

III
ICF-CYを活用するには！
－ICF支援シートとは－

Q1

ICF支援シートとは，どのようなものですか。

☞ 「ICF支援シート」（ICF関連図とも呼ばれています）は，「ICFの構成要素間の相互作用モデル」の図に具体的事項を書き込んだシートです。ICF/ICF-CYの活用では，ICF支援シートを必ずしも使わなければならないわけではありませんが，特別支援教育におけるICF支援シートを用いた取り組みは少なくありません。関係者が集まってICF支援シートを一緒に作成したり，一部の担当者が作成したICF支援シートを用いて話し合うことで，実態把握がしやすくなったり，共通理解が図りやすくなったりします。

① ICF支援シートは話し合いのツール

年度初めにICF支援シートを作成して実態と課題を整理し，年度末に再度作り直して子どもの変容を確認するといった，話し合いのツールとして用いた後に資料としても用いる取り組みも行われています。

ICF支援シートには，子どもに関するさまざまな情報を書き込み，全体像を把握するものと，主訴等を手かがりに特定の課題に焦点を当て，それに関連した情報を集めながら，具体的な指導方法等を検討するものとがあります。前者は個別の教育支援計画や個別の指導計画の作成時等に，後者は緊急対応が求められる校内外でのケース会議や授業場面で前検討にも活用できると考えられます。またICF支援シートには，実態を把握する目的のものと求められる支援方針を見いだすためのものをそれぞれ作成する場合や，学習目標なども図中に書き込んで，より指導に生かしやすく工夫する場合もあります。

② 手軽にかつ効率的に子どもの情報を整理

ICF支援シートは，手軽にかつ効率的に子どもの状態像をとらえ指導・支援の方針を検討することに利点や目的があります。たとえば，ICF-CYの理論的な特徴に「活動・参加」において実行状況と能力を把握するとして，一つの行為においての「している」状態と「できる（最高レベルの能力)」状態をセットでとらえるとしています。しかしICF支援シートの作成においては，子どもの特徴的な「できること」「難しいこと」を取り上げ，その状態像をそのまま列記する場合が多いものです。必ずしも一つの行為においての「実行状況」と「能力」をセットでとらえなくても，列記した子どもの「できること」を生かして参加を促進したり，「難しいこと」を補う環境を用意して活動を活性化するなどで，ICF-CYの活用の目的は十分達成すると思います。

なお，ICF支援シートの書き込みは，WHOが示すICF-CYの諸要素の分類項目を参照します。図3-1は，その観点や書き込みの例です。

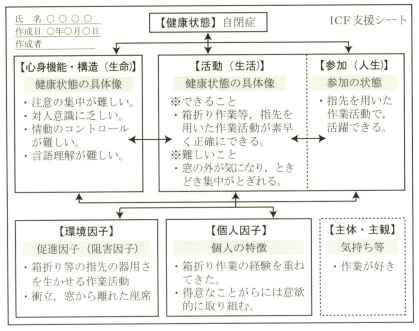

図3-1 ICF支援シートの書き込み例

3 ICF支援シートのメリット

　ICF支援シートを作成する最大のメリットは，子どもの状態を図式化することで諸要素のことがらを相互に関連させ，子どもの状態像を構造的・多面的・総合的に把握できることです。人間の行為はさまざまな要素が絡み合って成り立っているので，それぞれの要素間のつながり（相互作用）を考えながら，課題や問題の原因を考え，多くの視点から支援・援助の糸口を見いだすことができます。ICF支援シートは，子どもの実態や指導・支援のあり方について考え，深めていくのに大変有効なツールとなります。

ICF支援シートを作成するには，どのような方法がありますか。

　ICF支援シートは，子どもの生活の全体像をとらえやすくするためのものです。作成方法にきまりはありませんので，自分たちが書きやすい方法で作成してください。

1　作成の主体

　ICF支援シートは，学校においては多くの場合，子どもの実態把握をし，適切な目標を設定するために活用されます。ICF支援シートは，校内委員会における子ども理解のために活用したり，保護者との話し合いに使ったりすることが多いと思います。作成の中心となるのは，当然ながら担任の先生です。担任の先生が教師経験が短い場合や学年初めで実態が十分に把握できていない場合には，対象となる子どもについてよく知っている先生方と協力して作成するとよいでしょう。

　個人で作成して，その後集団で目標や手立てなどを検討する方法と，集団で実態や目標などを相談しながら作成する方法があります。作成に慣れるまでは集団で作ってみるほうが，お互いに学び合うことが多くあると思います。

2　作成の手立て・方法

　ICF支援シートを作成するためには，まず，ICF-CYの項目についてどのような内容の項目があるか事前に目を通しておく必要があります。そして，ICF-CYの項目表を手元に置いて作成に取りかかるといいでしょう。

　集団で作成するには，付箋紙を黒板などに貼っていく方法が効率的です。まず，各自が対象になる子どもの心身機能の状態，活動，参加，環境因子，個人因子について長所や気になる点を付箋紙に記入していきます。次に，黒板にICF支援シートの枠を書き，記入した付箋紙を各欄の中に貼っていきます。この際，たとえば活動に入れたらよいか，参加に入れたらよいかなど相談しながら貼るとよいでしょう。もちろん，多少のまちがいがあっても問題はありませんので，あまり悩まず貼っていきます。重複や似た内容はまとめ，全体的に見て，加えるべき内容・項目があれば，加筆していきます。

　その次の段階は，相互作用について検討することです。個人因子や環境因子が活動や参加に及ぼしている影響や，逆に活動・参加が個人因子や環境因子に及ぼしている影響について考えます。そして，活動・参加と心身機能・構造，疾病・健康上との相互作用について考えます。さらに，そのうえで活動の制限や参加の制約の状況について障害や発達との関係で検討します。

54　Ⅲ　ICF-CYを活用するには！　－ICF支援シートとは－

　次に，子どもの現在の実態に基づき，達成可能と思われる目標を設定することになります。この際，重要なことは手立ての設定です。手立てとは，環境因子の一つです。教材・教具の工夫のみならず，教師や周りの人たちから本人へはたらきかけるさまざまな言動も，環境因子です。指導の手立て（環境）を変えることによって，目標を達成することができます。目標と手立ては，先生方の経験や知識を踏まえて，意見を出し合いながら検討することが大切です。これらのプロセスこそが，ケースカンファレンスといっていい活動です。子どもの現在の状況と将来の姿について先生方の経験知をもとに議論することは，教師力を高める経験となります。最後に，黒板に貼った付箋紙の内容を，紙に記録してICF支援シートの完成となります。

　ICF支援シートの作成に少し慣れてきたら，一人で作成してみましょう。そして，それをもとにして校内委員会や学年会で検討し，議論をする中でそれを修正し，今後の指導の方針について決定していきます。ICF支援シートのたたき台があれば，話し合いもスムーズに進むでしょう。

　また，保護者と一緒にICF支援シートを作成する方法も考えられます。この方法のメリットは，子どもの学校での様子と家庭での様子の違いをお互いに認識することができることです。また，子どもの行動の意味について先生と保護者ではとらえ方が違っていることにも気づくことができます。子どもへのはたらきかけをするうえでの重要な共通理解となります。

⓷ 作成の留意点

　ICF支援シートの活動・参加の欄に記入する項目は，マイナス面ばかりでなくプラス面をも記入することが大切です。できている活動・参加と活動制限や参加制約について整理して記入します。ついつい，できていない行動・参加を記入しがちになりますが，今後できると思われる活動・参加（これが目標につながります）を考えるためには，プラス面の内容も記入していきます。記入する欄のスペースは限られていますから，あらゆる内容のことを記入することは不可能です。現在の子どもの課題につながる内容を中心的に記入します。子どもの全体像を把握しながら，ターゲットを絞って考えていくことがポイントとなります。

　最後に，作成したICF支援シートは複数の目で見て，検討することが重要です。違った視点が入ることにより，目標も考え直す必要も出てくるかもしれません。ICF支援シートはケースカンファレンスに有効なものですので，お互いの子ども理解のために活用しましょう。

「活動」と「参加」は，どう区別すればいいですか。

☞ 本書でも述べてきたとおり，WHOは，「活動」と「参加」を明確に区別するのは困難であるとし，「活動・参加」(d) のどの項目を「活動」とし，どの項目を「参加」とするかは，使用する国や使用する目的に応じて設定されるとしています。

では，学校場面において「活動」と「参加」を区別する方法をいくつか考えてみましょう。

1 個人の行為・行動と友だちとの関係・集団の視点から分類する方法

「図書室で一人で本を読む」は「活動」，「友だちと国語の授業を受けること」は「参加」といったように，個人としての行為・行動は「活動」，友だちとの関係や集団の中での行為・行動は「参加」として区別するといいでしょう。個人の行為としてどう活動するか，集団による学習場面ではどう参加するか，個人と集団による場面に分けて子どもの様子を考えるときに役立ちます。

2 「活動」は「参加の具体像」ととらえる方法

WHOは，たとえば「這うこと」は活動で，「移動」は参加であると説明しています。これは「活動」と「参加」を「広範な特性」と「詳細な特性」として区別するものであり，「活動」を「参加」の具体像として考えています。この考えに基づけば，「図書室で本を借りる」は「参加」で，「図書室まで移動する」「読みたい本を探す」「本を書棚から取り出す」「借用の手続きをする」等は「活動」と整理されます。「参加」の具体像を「活動」として考えることで，その子どもにどのようなアプローチが必要か，指導・支援のポイントがつかみやすくなります。

3 「活動」と「参加」を区別しないで，すべて「活動・参加」ととらえる方法

「活動」と「参加」を区別しないで，すべてが「活動」であり「参加」であると考える方法もあります。注目すべき個人の特徴的な行為の様子を羅列的に把握していく方法です。この方法は，抽出した行為の様子から，実行状況と能力を把握し，その差異から必要な支援の方針を見いだすときに役立ちます。

Q4 「環境因子」にはどのようなことを記入すればいいですか。

「環境因子」は,「人々が生活し,人生を送っている物的な環境や社会的環境,人々の社会的な態度による環境を構成する因子」であると定義されています。学校という場で考えるならば,学校・学級の物的環境,職員などの人的環境,学校生活を送る集団環境,そして保護者をはじめとする家族環境,利用している関係機関などの社会的環境を記入するとよいでしょう。

1 環境因子の内容

ICF/ICF-CYにおいて環境因子は,次の5つの大項目で分類されています。
「1 生産品と用具」「2 自然環境と人間がもたらした環境変化」「3 支援と関係」「4 態度」「5 サービス・制度・政策」です。

次に,中項目(3桁)では,74のコードが提示されています。たとえば,「支援と関係」では,その中項目として「e310 家族」「e315 親族」「e320 友人」「e325 知人・仲間・同僚・隣人・コミュニティの成員」と続いていきます。「支援と関係」では,人間や動物そのものではなくて,人間や動物が提供する身体的または心情的な支援の分量を示すものです。人の態度については「態度」の中で「e410 家族の態度」「e415 親族の態度」「e420 友人の態度」などと示されます。

また,教育は,「e585 教育と訓練のサービス・制度・政策」が中項目です。下位項目として「e5850 教育と訓練のサービス」「e5851 教育と訓練の制度」「e5852 教育と訓練の政策」「e5853 特別な教育と訓練についてのサービス」と続きます。このように下位項目を見ても,ICF/ICF-CYの環境因子として記載されている項目は,かなり大きな枠組みでとらえられていることがおわかりでしょう。たとえば学校で行っている教育は,e5850,e5853の項目に該当しますが,特別な教育と訓練についてのサービスといってもその内容はさまざまであり,このコードを記載するだけでは不十分であることは言うまでもありません。

ICF支援シートの環境因子の欄には,子どもの活動・参加に影響を及ぼしていると考えられる環境因子を具体的に書くことによって,子どもの生活の姿を明確にすることができます。

2 環境因子の欄に記入する具体的内容と留意点

環境因子の欄にどのような内容を記載するか,小中学生の場合をイメージして考えてみます。まず,家庭環境,学校での環境,社会環境に分けて項目を検討するといいでしょう。以下に,その項目ごとの具体例を示します。多くの環境因子を記載することはできませんので,「参加」「活動」の実態や目標との関連を考慮して,記載する項目を絞って記入することが大切です。目標を

達成するための手立ても環境因子となりますので，目標を設定した後，記載するとよいでしょう。

「家庭環境の例」
- 家族構成（義父・母・姉［中2］・本人・祖母）
- 母親は教育熱心で学校に協力的である。
- しつけとして父親は殴ることがあるようだ。
- 祖母は本児の障害を認めようとせず，母親に対し批判的。

「学校環境の例」
- 数名の友だちしか本児に関わらない。
- 指導助手が通常の学級で英語・数学は支援する。
- 周囲の生徒は，本人に対し一定の距離を保っている。
- トークン・エコノミーは本児に有効である。
- 周囲の刺激に刺激を遮断するパーテーション（壁）がある。

「社会環境の例」
- 通学支援のサービスが地域に不足している。
- 通学路に点字ブロックが整備されている。
- 大学病院で感覚統合訓練を実施している。

環境因子として記載をするならば，「友だちは本児に関わろうとしない。」と書くよりは「本児に無関心な同級生が多い」と書くほうが環境因子らしいのかもしれませんが，あまりこだわる必要はないと考えます。環境因子として，本人の活動・参加を促進したり阻害したりする要因を記載することが大切です。たとえば，「祖母は本児の障害を認めようとせず，母親に対し批判的」という項目は，「支援と関係」の「家族（e310）」のコードよりも「態度」の「家族の態度（e410）」のコードとして評価するものであり，阻害因子として本人の活動・参加などに影響していると考えるべきでしょう。

Q5 「個人因子」にはどのようなことを記入すればいいですか。

　個人因子はすでに説明したように背景因子を構成する因子で，個人の人生や生活の特別な背景であり，健康状態や健康状況以外のその人の特徴からなるものです。これには性別，人種，年齢，その他の健康状態，体力，ライフスタイル，習慣，生育歴，困難への対処方法，社会的背景，教育歴，職業，過去および現在の経験（過去や現在の人生のできごと），全体的な行動様式，性格，個人の心理的資質，その他の特質などが含まれるでしょうし，また，これらの全部または一部がどのレベルの障害においても一定の役割をもち得るとされています。しかし，個人因子の分類は未解決な問題でもあり，WHOも分類項目の例を示しつつ，「であろう」としている状態です。個人因子の国際的な分類は，多様な社会的・文化的相違が大きいために難しいとしています。

とはいえ，教育場面で実際にどのようなことを個人因子としてとらえていくか考えるとき，教育的観点から，その子どもの特性や特徴を選んで記載していくことが重要と考えます。一人ひとりの学習や生活に関与する個人特性，特徴，それらは，たとえば性別や学年，生育歴，教育歴，また，治療経験や学習経験についてとらえていくことになります。子どもの興味・関心や，優しい，明るい，几帳面といった性格についてとらえることも重要です。個人因子は，一人ひとりの子どもの学習や生活の実態に影響し，しばしば，その子その子の活動や参加の姿に結びつきます。取り巻く環境もその子どもの個人特性に応じて用意されたりします。

また，個人因子をとらえる際には，いやなことがあると萎縮的・逃避的になる，あるいは学習意欲がある，学習や生活上の困難の解決に前向きに取り組めない，こだわりが強い，好きなことには意欲的に取り組む，感情的になりやすいといった心理的特質等についてもとらえていくことが必要です。個人因子は個の性質や特徴を示します。そうしたことがらへの対処，個の内面の特性は，一人ひとりの生活機能の発揮に大きな影響を及ぼし，活動や参加の姿を形づくっていくものでもあります。

Q6 健康状態と心身機能・身体構造には，どのようなことを記入すればいいですか。

☞ 健康状態と心身機能・身体構造の箇所には，それぞれ以下のようなことを記入するとよいでしょう。

① 健康状態

健康状態は，疾病や体の変調，けが，妊娠，高齢，ストレスなどさまざまなものを含む広い概念となっています。疾病だけでなく，情緒不安定とかうつ状態，肥満といった心身の状態まで含まれます。未熟児網膜症，脳性麻痺（アテトーゼ），知的障害，自閉症などの症状名は，ここに記入します。

② 心身機能・身体構造

心身機能・身体構造は，身体系の生理的機能（心理的機能を含む）のことで，心身機能の問題や身体構造の問題を指します。ICF支援シートに心身機能・身体構造の記載を進める場合には，健康状態の具体像として，心身機能・身体構造障害の内容や程度を記入します。

たとえば，未熟児網膜症であれば，その子どもの視力や視野の状態，光感受性・コントラスト感度・全体的な画像の質，あるいは形態や大きさ，色調等の視知覚の状態をとらえて記入します。また，脳性麻痺（アテトーゼ）であれば，筋力や筋緊張の状態，不随意運動反応や随意運動の制御機能，歩行パターン機能，上肢や下肢の構造，音声機能や構音機能等が記入されます。

ただし，同じ障害名でも，心身機能・身体構造障害の状態は一人ひとり異なります。個々の心身機能・身体構造障害の状態を，的確にとらえていくことが必要です。次頁に例を示します。

例1　【健康状態】視覚障害（未熟児網膜症）

【心身機能・身体構造】
視力や視野，光感受性・コントラスト感度・全体的な画像の質，形態・大きさ・色調等の視知覚等

例2　【健康状態】脳性麻痺（アテトーゼ）

【心身機能・身体構造】
筋力や筋緊張の状態，不随意運動反応や随意運動の制御機能，歩行パターン機能，上肢や下肢の構造，音声機能や構音機能等

例3　【健康状態】聴覚障害（混合性（伝音性・感音性難聴））

【心身機能・身体構造】
音の察知や弁別，音源定位等の聴覚機能，音声機能や高音機能等

例4　【健康状態】自閉症

【心身機能・身体構造】
思考機能や抽象化・時間管理・認知の柔軟性洞察・判断等の高次認知機能，言語受容や言語表出，感覚の特異性（触覚過敏・聴覚過敏等），情報の適切性・情動の制御等の情動機能等

例5　【健康状態】　ADHD

【心身機能・身体構造】
注意の維持・注意の配分等の注意機能，情報の適切性・情動の制御等の情動機能等

Q7 「主体・主観」にはどのようなことを記入すればいいですか。

 ICF/ICF-CY研究においては，子どもの主観（的障害）部分をとらえるべき必要性が指摘されてきました。そして教育分野におけるICF/ICF-CY活用においては，それを「主体・主観」とし，子どもの願いや気持ち，思い等をとらえるようになりました。ここで，「主体・主観」とはどのようなことなのかを理解しておく必要があります。

主体と主観は同じ「subject」で表現され，ともに人間の存在や自我，自己を表しています。区別化するならば，認識などの理論的場面では「主観」が，行為などの実践的場面では「主体」が用いられています。そして「主観」はものごとを考えるわれわれの心のはたらきとして，「主体」は自覚や意志に基づいて行動したり作用を他に及ぼしたりする行為の担い手として，使用されるようになりました。両者は表裏一体なものといえます。

ICF支援シートにおいては「主体・主観」とし，子どもの願いや気持ち，考えといった主観的側面を記入する一方，上記の「主体」と「主観」の解釈のように，子どもの気持ちと併せて，子どもが主体的に活動し参加する自己としての様相，有様についても記述することも大切であると考えます。障害のある子どもの中には何らかの心因的な問題を有し，マイナス感情を強く抱いている子どもも少なくありません。本人のマイナス感情を明らかにしたうえで，子どもがプラス感情を抱いて主体的に生きていくための周囲の関わりや手立て・環境を用意することを考える必要があります。それは主体性の育成と換言できます。

教育場面でICF/ICF-CYの活用を図るとき，「主観」として，「～ができるようになりたい」「将来～になりたい」あるいは「～が好き」等をとらえ，一方で，「意欲的で何事にも積極的に取り組む」，あるいは「自信がない，萎縮・逃避傾向がある」等々，子どもの「主体」に関する様子をもとらえるようにして，それらを踏まえたうえで適切な対応や指導を検討していくことが大切です。

Q8 ICF支援シートは，学校内でどのように活用できますか。

 ICF/ICF-CYは関係者の共通言語ですが，ICF支援シートはICF/ICF-CYの考え方を具体的に示すツールとして，学校においては校内委員会や保護者との面談などで子どもの共通理解を行う際の資料として，また個別の指導計画作成の資料として活用できます。

① 話し合いのツールとしてのICF支援シート

　ICF支援シートは，対象者の現時点での生活機能を記述したものであり，対象者が現在どのような状態であるのかを説明するツールとして適しています。

　ICF支援シートは，まずは子どもをよく知っている担任などが作成することになります。そして，会議や面談で子どもの行動についてのエピソードをまとめていきながら，そのICF支援シートに追加・修正して行く過程によって，それらの行動の意味について考え，共通理解が図られます。ICF支援シート作成はこういった共同作業の媒体として，非常に有効な役割を果たすことが期待できます。また，作成者が校内委員会において，対象者である子どもについて説明する際にも，視覚的に理解させることができます。

　同様に，保護者との面談で本人の様子について話し合いをする際にも有効です。子どもの実態や学習上または生活上の困難をとらえ，どのような支援・援助が必要かについて，ICF支援シートを保護者に示して具体的に説明し，指導内容や指導方法等について伝えることができます。

② 個別の指導計画作成のために

　ICF支援シートを作成しても，それがそのまま個別の指導計画になるわけではありません。しかし，ICF支援シートの各項目（「健康状態」「機能・構造」「活動と参加」「環境因子」「個人因子」「主体・主観」）を記していくことで実態把握ができるため，具体的な指導場面で必要な学習目標や手立て・配慮などを明らかにしていくことができます。また，個別の教育支援計画を作成する際にも，連携・協力する機関や支援内容を環境因子の視点から明らかにすることもできます。

③ ICF支援シートの授業レベルでの活用

　ICF支援シートは，学習や生活上の困難の発生や改善の方法を知るメカニズムとしての意味もあります。ICF支援シートを作成することで，教科の具体的な指導場面での子どもの実態と課題を明確にすることができます。授業のあり方を検討したり，授業場面において具体的な手立てを考えたりする際に，効果的に活用できます。

コラム　ＩＣＦコアセットについて

　日本ではICF関連図（本書ではICF支援シート）の作成を通したアセスメント方法が広まりつつありますが，臨床実践のためにICFをもとにした実用的なツールとしてICF導入直後から，ICFコアセットの検討が進んできました。そして，2012年までに31のICFコアセットが開発されています。評価方法の実用性を高めるICFコアセットとは，どのようなものでしょうか。

■ICFコアセットとは

　ICFにおいて，健康領域と健康関連領域に関する分類項目は約1500項目に及んでいます。その分類項目の多さは包括性を高める一方，項目数が多く煩雑であるため，その実用性を低める結果にもなっています。ICFコアセットは，ICFを臨床で実践的に実施する手間のツールであり，ICDと組み合わせて使用するものです。

　ICFコアセットは，特定な医療背景（急性期，亜急性期，長期）と特定な健康状態（たとえば，うつ病や多発性硬化症等）を基本的枠組みとして作成されています。ICFコアセットは3種類あり，特定な健康状態に関し患者が直面している代表的な状態を全体的に反映した「包括ICFコアセット」と，生活機能と障害に対する個人の経験の最重要点を明らかにして簡潔な評価を行うための「短縮ICFコアセット」，健康と生活機能の鍵となる指標である少数のICFカテゴリーを用いて公衆衛生や保険統計に用いられる「一般セット」です。ICFコアセットにおける評価においては，心身機能・身体構造，活動・参加（実行状況と能力），環境因子について評価点が設けられ，障害の程度や活動・参加，環境因子の状態を明らかにし支援プログラムを見いだしていきます。

■教育分野におけるICFコアセットの活用の可能性

　ICFコアセットは，医療分野やリハビリテーション医療分野を中心に活用されつつありますが，将来的には教育分野にも入ってくることが考えられます。もちろん，教育分野においては，障害の多様化や重複化，個々の教育的ニーズもさまざまであり，リハビリテーション医療のように特定の健康領域に絞り込んで評価し，支援方針を明らかにすることには難しさがあります。また，ICFコアセットを教育現場に浸透させていくうえでは，評価点の難しさやなじみのない分類項目の解釈等の問題が考えられます。しかし，たとえば，特に特別支援教育に関連した分類項目を抽出したコードセットを検討し，個々に障害の状態等に応じて適宜評価項目をその中から取り出し評価していくなどの方法も考えられます。職業リハビリテーションにおいてはICFコアセットがすでに利用されており，学校教育においても職能の評価として活用の可能性もあります。ICFコアセットに関する研究の動向に注目したいと思います。

〔S.N〕

IV

ICF支援シートを作成してみよう！

作成方法

1．ICF支援シートの具体的な作成手順

　これまで，ICF支援シートの各項目への記入の仕方について述べてきました。ここでは，ICF支援シートの作成手順について，具体的に考えていきます。

① ICF支援シート作成にあたって

(1) 子どもの実態の把握

　ICF支援シートを作成していくプロセスは，その子どもの実態を把握し，生育歴などを踏まえて，学習上や生活上の困難を子どもの全体像から考えていくプロセスだといえます。特別な教育的支援を要する子どもの実態を的確に把握することは，適切な目標を設定し，よりよい支援や指導にあたるうえで不可欠なことです。

　ICF支援シートの項目に記入する内容は，先生たちがすでに把握している情報です。つまり，次のようなものが参考になるでしょう。

　○活動・参加に関わる情報
　　・学習の状況，学力検査等の記録
　　・生活・行動の状況，交友関係など
　　・できていること，苦手なこと
　○環境因子に関わる情報
　　・家族構成，家族の本児への関わりの状況
　　・友だち関係（仲がいい友だち，関係性の良くない友だちなど）
　　・地域との関わり（習い事，地域行事への参加など）
　　・利用している地域資源（学童保育，医療機関，福祉機関など）
　○個人因子に関わる情報
　　・生育歴
　　・性格
　　・余暇活動，趣味など
　○心身機能・構造に関わる情報
　　・発達の状況（全般的な身体的発達状況，知的発達水準，認知能力の特性など）
　　・発達検査の結果（田中ビネー式知能検査Ⅴ，WISC-Ⅳ，K-ABC-Ⅱなど）
　　・身体的な状況（身体的な特徴や特性など）

68   Ⅳ　ICF支援シートを作成してみよう！

○健康・疾病に関わる情報

　・身体発育の状態

　・疾病，病名・診断名

　・心身の状態（情緒の不安定さなど）

○主観・主体に関わる情報

　・本人の生活や自分の人生への思いや願い

　・生活面でのつまずき，本人の困り感

　実態の把握にあたっては，往々にして主訴となる本人のつまずきや困り感，問題となる行動など，できないというマイナス面に目が向きがちですが，できることやできそうなこと，好きなことや得意なことなど本人の良さやプラス面についても目を向けていくことが大切です。

　そして，何よりも本人の思いや願いを把握しておくことが必要です。本人の「こうなりたい」「こうしたい」という思いをしっかりととらえ，目標や支援の手立てに生かしていくことで，教師から子どもに一方的に与えた目標ではなく，子どもにも意識・自覚させて教師と子どもの共有した目標を設定することが，「がんばろう」という動機づけにもつながるのです。

（2）ICF支援シートでの整理

　個別の指導計画を作成するにあたって，実態把握は欠かせないものです。実態として記載される内容は，さまざまな情報が羅列的に標記されることが多いのではないでしょうか。特別な支援を必要とする子どもの支援を考えるためには，実態に関する多くの情報はある程度整理してまとめながら，子どもの全体像を多面的にとらえていくことが大切です。

　その意味において，ICF支援シートに子どもの実態を整理していくことは，より具体的で適切な目標や手立てを考えるうえで，大変有効です。また，ICF/ICF-CYの考え方は，医療・福祉などにも取り入れられているので，子どもの支援に関わる関係機関との連携を図るうえでの話し合いの資料としても有効に活用できます。

⌇2⌇ 作成にあたって　－手順と留意点－

　ICF支援シートに記入していく手順は特に決まっていませんが，**図4-1**に記してある番号①～⑧の順で進めていくと書きやすいと考えます。実際，支援シートに書き込んでいこうとすると，内容をどの枠に入れたらよいか迷うことが多々あると思いますが，作成していく中で少しずつ慣れることが大切ですので，まちがっているかどうかはあまり気にしないで記入していきましょう。

　ICF支援シートに整理するにあたっては，②【活動の様子】と【集団への参加の様子】，さらには，その背景となる①【健康状態】，③【本人を取りまく環境】，④【特性・性格・生育歴】などの関連を考えて進めていくことが大切です。それぞれの項目間の相互作用や関連性を意識して作成していくことで，具体的な目標や手立てが見えてきます。

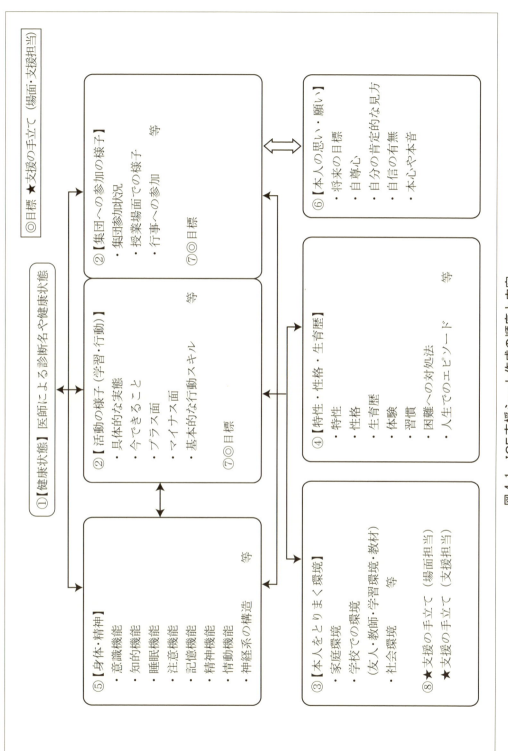

図 4-1　ICF 支援シート作成の順序と内容

70   Ⅳ　ICF支援シートを作成してみよう！

　ICF支援シートの各項目①〜⑥の内容については，**図4-1**（p.69）のように記すとよいでしょう。なお，**図4-1**の中で用いている各項目・用語については，本来のICF-CYの項目名・用語のままではなく，学校教育現場で用いられる用語や言葉を使用しています。

③：各因子への記入にあたって

(1) 健康状態について（図4-1：①）

　【健康状態】とは，病気（急性あるいは慢性疾患），変調，傷害，けが（外傷）等を包括するもので，ここには医師から出された病名・診断名・健康の状況などを記入します。

　（例）てんかん，脳性まひ，自閉症スペクトラム障害，知的障害，学習障害，ADHD，

　　　　先天性異常，高度肥満，栄養不良など

(2) 心身機能・身体構造について（図4-1：⑤）

　【心身機能】とは，精神のはたらきや手足の動き，視覚・聴覚などの機能に関すること，【身体構造】とは，手足の一部や心臓の一部などの体の部分の特徴を示しています。ICF-CYでは，【心身機能】は１〜８の項目で分類されています。**表4-1**で具体的な例をあげてみます。また，【身体構造】も１〜８の項目で分類され，人間の体の特徴を示しています（**表4-2**）。

　では，事例をもとに心身機能の枠への記入を考えてみましょう（★記入例）。

表4-1　【心身機能】の項目例

ICF-CYの項目	具体例
１．精神機能	知的機能，空間認知，情緒の安定，食欲に関する機能，衝動の抑制，感情の平板化，不眠／過眠，短期記憶／長期記憶，注意散漫，注意の維持・集中，不自然な姿勢，高次認知機能，反響動作，反響言語(エコラリア)，感情の抑制や情動の不安定性，計算機能　など
２．感覚機能と痛み	視覚，聴覚，味覚，嗅覚，痛覚過敏　など
３．音声と発話の機能	構音機能，吃音，発声不能　など
４．心血管系・血液系・免疫系・呼吸器系の機能	貧血，起立性低血圧，疲労しやすさ，アレルギー，免疫系疾患，過呼吸，動悸　など
５．消化器系・代謝系・内分泌系の機能	便秘／下痢，よだれ，嚥下障害，便失禁，過体重／低体重，吐き気，低体温　など
６．尿路・性・生殖の機能	腎不全，腹圧性尿失禁　など
７．神経筋骨格と運動に関する機能	チック，トゥレット障害，関節脱臼，片麻痺，不随意運動，振戦（ふるえ）　など
８．皮膚および関連する構造の機能	ケロイド，発汗，体臭，脱毛症　など

表 4-2 【心身機能】の項目例

1. 神経系の構造
    ・脳，脊椎，髄膜，交感神経，副交感神経など
2. 目・耳および関連部位の構造
3. 音声と発話の関する構造
    ・鼻，口，咽頭，喉頭など
4. 心血管系・血液系・免疫名・呼吸器系の構造
5. 消化器系・代謝系・内分泌系に関連した構造
6. 尿路性器系および生殖系に関連した構造
7. 運動に関連した構造
    ・頭頸部，肩部，上肢，骨盤部，下肢，体幹など
8. 皮膚および関係部位の構造

★記入例

事例①Aくん：小2男子，アスペルガー症候群，通常の学級在籍

> 授業中は，すぐに飽きてしまう。先生の話も集中して聞くことが難しい。得意なことには熱心に取り組むが，次の活動に切り替えることが難しい。当該学年の学習はほぼできるが，体育は非常に苦手である。

- 注意の持続が短い　→　注意機能（b 140）
- 切り替えが難しい　→　情動機能（b 152）
- 運動能力が低い　　→　運動反射機能（b 750）

事例②Bくん：中2男子，ダウン症，特別支援学級在籍

> 明るく，あいさつが良くできる。学習は，小2程度。大きな音や音楽の時間の笛の音が苦手である。言葉が不明瞭で，聞き取りにくいことがある。初めての人や場所が苦手である。

- 学習の遅れ　　　→　知的機能（b 117）
- 記憶の困難　　　→　記憶機能（b 144）
- 感覚過敏（音）　→　知覚機能・聴知覚（b 1560）
- 言葉が不明瞭　　→　構音機能（b 320）
- 緊張不安が強い→　全般的な心理社会的機能（b 122）

Ⅳ　ICF支援シートを作成してみよう！

72 Ⅳ ICF支援シートを作成してみよう！

（3）活動と参加について（図4-1：②）

　ICFでは「活動と参加」という項目ですが，**図4-1**のICF支援シートでは学校での様子がイメージしやすいように【活動の様子】・【集団への参加の様子】と記載してあります。

　【活動の様子】とは，課題や行為の個人による遂行のことで，【集団への参加の様子】とは，生活・社会場面への関わりのことです。ICF-CYの項目では1～9の項目で分類されています。項目ごとの内容と具体的な児童の実態例を一部示しました（**表4-3**）。

　この活動と参加の項目は，重複するところもあり，記入の際に迷うこともあると思いますが，個人の活動に関わる内容か，集団・生活場面への参加に関わる内容かという視点で分けて記入します。たとえば，ボールを投げるという活動は，一人で壁に向かってボールを投げる行為は「活動」ですが，友だちとキャッチボールをすれば「参加」とします。

　なお，記入に際しては，支援方法や指導内容を考えるために，できないことのマイナス面ばかりでなく，今できることやできそうなことを含めたプラス面に目を向けて書くことが大切です。

（4）環境因子について（図4-1：③）

　「環境因子」とは，人々が生活し，人生を送っている物的な環境や社会的環境，人々の社会的な態度による環境を構成する因子のことです。このICF支援シートでは，「環境因子」の欄を【本人をとりまく環境】と表しました。

　ICF-CYの環境因子は，製品と用具，自然環境と人間がもたらした環境変化，支援と関係，態度，サービス・制度・政策に関する分類項目になっています。

　それでは小中学生の環境について考えてみましょう。次の①～③の項目に当てはめて考えてみます。次に示すものは，その項目ごとの具体例です。「参加」「活動」の目標との関連を考慮して，ポイントのみを記入するとよいでしょう。目標を達成するための手立ても，環境因子となります。

　①家庭環境の例
　　・家族構成（義父・母・姉［中2］・本人・弟）
　　・母親は教育熱心で学校に協力的である。
　　・母親の養育能力が低い。
　　・しつけと称して，父親はたたくことがある
　　・祖母は本人の障害を認めようとしない。
　②学校環境の例
　　・学級内では数名の友だちとしか交流がない。
　　・週3時間，特別支援学級に通級。
　　・国語・算数は，指導助手が支援に入っている。
　　・周囲の生徒は，本人に対し一定の距離を保っている。

表 4-3　ICF の項目「活動と参加」【活動の様子】と【集団への参加の様子】と実態例

ICFの項目「活動と参加」【活動の様子】【学習・行動】と【集団への参加の様子】	具　体　例
1．学習と知識の応用 　目的をもった感覚的経験：注意してみること，聞くこと，その他目的ある感覚 　基礎的学習：模倣，反復，読む，書く，計算，技能，その他の基礎的学習 　知識の応用：注意集中，思考，読む，書く，計算問題解決，意思決定，その他の知識の応用	▲注意して話を聞くことができない。 ○計算が得意である。 ○かけ算（九九）ができる。 ▲漢字が書けない。 ○恐竜が好きでとても詳しい。 ▲思考することが苦手である。
2．一般的な課題と追求 　単一課題，複数課題，日課の遂行，ストレスとその他心理的要求への対応	▲課題が複数だとやる気をなくしやすい。 ▲予定変更にパニックを起こしやすい。 ○パターンが同じ課題だと安心して取り組む。
3．コミュニケーション 　コミュニケーションの理解：話言葉の理解，非言語的メッセージの理解，公式手話によるメッセージの理解，書き言葉によるメッセージの理解，その他のコミュニケーションの理解 　コミュニケーションの表出：話すこと，非言語的メッセージの表出，公式手話によるメッセージの表出，書き言葉によるメッセージの表出，その他のコミュニケーションの表出 　会話ならびにコミュニケーションの用具および技法の利用	▲話を理解することが難しい。 ○興味があることは多弁になる。 ▲相手の目を見て話すことが苦手。 ○大きな声であいさつができ礼儀正しい。 ▲作文が書けない。 ▲まだ言葉の表出ができない。
4．運動・移動 　姿勢の変換と保持，ものの運搬・移動操作，歩行と移動，交通手段や手段を利用しての移動（公共物や公共機関の利用）	▲姿勢保持が難しい。 ○運動を好み，走ることが好き。
5．セルフケア 　自分の体を洗うこと，身体各部の手入れ，排泄，好意，食べること，飲むこと，健康に注意すること，その他のセルフケア	▲お漏らしがある。 ○好き嫌いなく，何でも食べる。 ▲偏食がある。 ○手洗い・うがいの習慣がよく身についている。
6．家庭生活 　需品の入手，家事，家庭用品の管理および他者への援助：家庭内，学校内の役割，買い物や外食	○家の手伝いをよくしている。 ○包丁を使うことができる。
7．対人関係 　一般的な対人関係，特別な対人関係	▲同学年の子どもたちとのトラブルが多い。 ○幼い子の面倒をよく見る。
8．主な生活領域 　教育，仕事と雇用，経済生活	○スイミングスクールに通う。
9．コミュニティーライフ 　社会生活・市民生活：余暇活動， 　学校でのいろいろな集団活動（学級，ブロック，学部，全校） 　地域でのいろいろな活動（地域の諸行事，個人的に参加している団体での活動）	○公民館主催の親子物作り教室に参加できる。 ▲学童保育の中では落ち着かない。

○プラス面　▲マイナス面

74   Ⅳ   ICF支援シートを作成してみよう！

・トークン・エコノミーのやりかたが効果的である。

・パーテーション（仕切り）を設けると，刺激に左右されにくい。

③社会環境の例

・定期的にリハビリテーションに通う。

・休日に発達障害者サポートセンターに通う。

・月2回，大学病院で感覚統合訓練を受けている。

(5) 個人因子について（図4-1：④）

「個人因子」とは，個人の人生や生活の特別な背景であり，健康状態以外のその人の特徴をいいます。ICFでは「個人因子」の項目はないのですが，「個人因子」は，「活動」や「参加」にさまざまな影響を及ぼすものであり，「活動」や「参加」からも影響を受けるため，その関与を示すためにICFモデルに入っています。このICF支援シートでは，「個人因子」のことを【特性・性格・生育歴】と表しています。

この項目には，①性別や年齢など　②生育歴，学歴　③性格，特性　④嗜好・趣味　⑤諸検査の結果などを記入します。次の具体例は，「個人因子」を項目ごとに分けて書いたものです。順序立てて書いていくとわかりやすいと思います。

①性別・年齢などの例

・中1男子，少しふっくらしている。

・小5女子，小柄。

②生育歴・学歴の例

・小学校5年〜6年は特別支援学級に在籍。

・幼稚園のときにはトラブルが多く注意されることが多かった。

・小学校5年生のときに不登校のため学習空白あり。

③性格・特性の例

・いつもにこにこして穏やか。

・友だちに優しく親切である。

・学習に対する意欲あり。

・1番にこだわる。

・内向的，控えめ。

・不器用。

・調子に乗りやすい。

④嗜好・趣味の例

・虫の絵を描くことが好き。

・読書が好き。特に図鑑。

⑤諸検査の結果

・WISC-Ⅳ，田中ビネー式知能検査Ⅴや K-ABC-Ⅱ などの心理検査の結果。

・学力検査の結果。

・Q-U 検査の結果。

・体力テストの結果等。

☆留意点

・「個人因子」は「活動」や「心身機能・身体構造」と重なる部分が多いので，どちらに入れるか迷うかも知れません。たとえば，「絵を描くことが得意」という特徴は個人因子ですが，「休み時間は，自分の好きな絵を描いている。」は「活動」となります。

(6) 主観について

1) 主観とは

このICF支援シートでは「主観・主体」を，【本人の思い・願い】と言いかえています。ICFモデルに主観の欄はありませんが，主観を取り入れることにより，初めて生活機能・障害の全体を見ることができます。生活機能レベルでの阻害因子である障害がそれほど重くなくても，もし本人が「目標がない」「希望がない」などと思っていると「活動・参加」が大きく制限されます。逆に，重い「機能障害」があっても，自己評価が高く活発に活動している子どももいます。

たとえば，軽度知的障害の男の子が，「野球選手になりたい」という願いをもっているとします。その希望は，叶わないかもしれません。しかし，その意欲を大切にし，「速く走る」「ボールを投げる」等の練習に取り組むことで，体力がついたりスポーツを楽しんだり，その子どもの生活が豊かになります。このように【本人の思い・願い】を知ることで，より総合的なアプローチが可能になり，子どもたちのよりよい生き方につなげることができます。

2) 主観（本人の思い・願い）のとらえ方

子どもの思いや願いを把握するには，まず，その子の日ごろの言動・行動を観察し，推測することが有効だと思われます。その子が日ごろ口癖のように言っていることやよく行う行動等があれば，この欄に記入します。また，その子に直接質問してみる方法も考えられます。しかし，実際に子どもが声に出していることが，そのままその子の気持ちとは限りません。そのことを口にすることや行動に表すことの背景にある「本音」をとらえることが大切です。たとえば，「友だちがたくさんほしい。」と言っている子どもも，本音の部分では，「一人か二人，安心してつきあえる友だちがいればいい。」と願っているのかもしれません。また，「勉強ができるようになりたい。」とは言いながらも，「勉強は難しいから，したくない。」ということも考えられます。

生活するうえでの困難さを抱え，注意されることも多い子どもは，自己評価が低く目標や希望を失っている場合も少なくないでしょう。そして，その子どもたちの本音は，悲観的なものになってしまうことが多いかもしれません。しかし，それを，今ある状態としてしっかりとらえ，

76   Ⅳ   ICF支援シートを作成してみよう！

その本音から「活動・参加」が制限されている背景・現状を考えることで，課題となる行動への目標が明確になり，支援の仕方が考えやすくなります。

3）主観（本人の思い・願い）の具体例

本人の思い・願いの例を次に示します。どのように今後，はたらきかけていくかのヒントになるのではないでしょうか。

- ・僕は，だめだ。
- ・ほうっておいてほしい。
- ・これからどうなってしまうのだろう。
- ・働きたくないから，高校へ行きたい。
- ・疲れることはしたくない。
- ・友だちとつきあうのは，面倒くさい。
- ・学校へ行きたくない。
- ・勉強はしたくない。
- ・楽しく過ごせればいい。
- ・私のことを分かってほしい。
- ・いばりたい。
- ・注目されたい。
- ・ほめてもらいたい。
- ・ばかにされるのは，いやだ。
- ・いろいろなことが気になって集中できない。
- ・じっとしていられない。
- ・どうして，みんなと同じようにできないのだろう。
- ・勉強ができるようになりたい。
- ・テレビやゲームが好きだ。
- ・お父さんやお母さんに遊んでもらいたい。
- ・将来，○○になりたい。

④ 目標の設定と手立ての考え方

（1）目標設定の視点

【活動の様子】および【集団参加への様子】の課題から目標（図4-1：⑦）を設定します。目標の設定にあたっては，次の視点からその子どもにとって何が必要かを焦点化することが大切です。

1）まず，改善を図らなければならないことは何かを考える。

子どもに関するあらゆる問題や課題を一度に改善することは不可能です。まず，何の改善を目標とするのか，優先順位をつけることが大切です。【活動の様子】および【集団への参加の様子】

に挙げられた課題となる行動の中で，まず，改善を図るべき課題は何かを考えましょう。その行動の改善を図ることで，子どもの生活がよりよく変わるようなことをターゲットとするとよいでしょう。

2）達成できそうなことは何かを考える。

実際に作成された個別の指導計画の中には，教師の願いが優先され，改善が難しい課題が目標となっていることがあります。達成が不可能と思われる目標を設定することは，実践的に虚しいことです。【特性・性格・生育歴】を参考に，達成できそうな目標を設定することが大切です。達成不可能な目標は，子どもの失敗経験を増やすことにもなりますし，教師にとっても指導の成果が評価できないことになります。

3）将来的に必要なことは何かを考える。

教師や保護者の困り感の解消が，目標となっていることもときどきあります。子どもの将来的な自立をイメージし，そのために今必要なことは何かを考えるとともに，【本人の思いや願い】を踏まえて目標としていくことが大切です。教師の自己満足に陥らないように注意しましょう。

(2) 目標設定の留意点

適切な目標設定にするために，下記の点に留意しましょう。

1）できないことの裏返しにしない。

「○○することができない」という実態から，単純に「○○することができる」という目標を設定してしまうこともよく見られますが，達成不可能な目標となっていることが少なくないように思います。課題となる行動の背景を考え，「活動」や「参加」を妨げていることに焦点を絞って，目標を設定することが，「○○することができる」ようにするための第一歩となります。

2）目標を数値化するなど具体的に設定する。

「○○ができる」「○○に参加できる」というような目標は，評価が曖昧になります。どのような場面でできる，どの部分に参加できる，何分間（参加）できる，何回できるなど，場面や数値を具体的に設定すると，評価基準がはっきりし，わかりやすい目標になります。保護者に対しても，変容を伝えやすくなります。

3）不適切な行動を適切な行動にする手続きを考える。

たとえば，「教室を飛び出してしまう」という行動は，不適切な行動ですが，「トイレに行っていいですか」という一言があると，認められる行動になります。たとえばADHDの子どもが落ち着かずに教室を出ていってしまいそうなときに，教師がその兆候を察して保健室や職員室に届け物をしてくることを依頼するのも一つの方法です。子どものコミュニケーション能力や興味関心（【特性・性格・生育歴等】），人間関係（【本人を取り巻く環境】）なども考慮すると，支援のための手続きを考えるヒントになります。

(3) 目標設定の実際

　それでは，「体育の授業に参加できない」アスペルガー症候群の１年生男子を例として考えてみます。この子どもは，体育の時間に集合することも難しく，ずっとブランコや砂遊びをしているというような状態です。

　このような場合，「体育の授業に参加できない」を単純に裏返して「体育の授業に参加できる」という目標を立ててしまいがちですが，はたして達成可能な目標でしょうか。このような場合，まずは，他の集団活動への参加状況や本人の特性など，以下のような点を整理し，なぜ体育の授業に参加できないのかを分析することで，具体的な目標が見えてきます。

【集団への参加の様子】
・他の授業や集団活動への参加状況は？
・体育に参加できるときがある？　ない？
・参加できたときの内容，状況は？
・教室の授業には参加できる？
・技能教科（音楽，図工）への参加を渋ることがある？

【活動の様子】
・得意な運動がある？
・係の仕事への取り組み状況は？
・仕事や役割を与えられると喜んですることができる？
・大きな声であいさつできる。

【特性・性格・生育歴等】【身体・精神】
・運動が好き？　きらい？
・見通しをもつことが苦手。
・失敗することが許せない。
・視覚的な刺激により注意が散漫になる。
・自分の思いを伝えることが苦手。
・幼稚園のときから集団から離れて過ごすことが多かった。

【本人を取りまく環境】
・一緒に活動したいと思う好きな友だちがいる？

【本人の思いや願い】
・体育に参加したい？　参加したくない？
・ゲームのような楽しい活動には参加したい？

これらの実態を踏まえると，次のような具体的な目標が出てくるかもしれません。

【目標】

　　・体育の始めと終わりにあいさつができる。

　　・準備体操が一緒にできる。

　　・号令をかけることができる。

　　・友だちと一緒に準備のお手伝いができる。

　　・がまんができなくなったら，エスケープカードを先生に渡すことができる。

　このケースのように，適切な目標を設定するには【健康状態】【身体・精神】【本人を取りまく環境】【特性・性格・生育歴】【本人の思いや願い】（図 4-1：①③④⑤⑥）等がヒントとなります。

　子どもにとっての適切な目標を設定することは重要です。目標の設定は今後の指針になる大切なものですから，指導が難しいケースについては，校内委員会（チーム支援会議）等で，児童・生徒の実態を整理した ICF 支援シートをもとに話し合いをもち，さまざまな視点から検討するとよいでしょう。

⑤ 支援の手立てを立案する

支援の手立てを考えるために（図 4-1：⑧）

　目標を達成するためには，適切で具体的な支援の手立てを立てることが必須です。「○○ができたらほめる」とか「○○のときは注意する」では，必ずしも十分な手立てとは言えません。手立てについては「目標を達成させるための具体的な支援策」と「目標を達成させるための環境設定」の両面から考えます。具体的には次のような点です。

　　・具体的な支援策の例…教材教具の工夫，指導法の工夫

　　・環境設定の例…座席位置の配慮，視覚刺激の調整など

　そして，次のようなことも考えてみるとよいでしょう。

　　「できること・プラス面にも注目し，そのできることや本人の良さを手立てとして生かせないか。」

　　「できないことやできない場面に注目し，どこまでならできるのか，つまずく原因は何なのか，その原因となるものを取り除く方法はないか。」

　　「さらには，その子どもの興味あることを，ごほうびや教材に生かすなど，手立てとして活用できないか。」

　これらに関するヒントは，ICF 支援シートの各項目の情報の中に隠れています。もし，情報が足りないときは，関係する情報をさらに集め，支援シートにまとめてみるとよいでしょう。

　ICF 支援シートから考えることは，達成可能な目標設定につながるだけでなく，達成させるための具体的な支援策にもつながっていくのです。

2．鉄腕アトムがあなたの学級の児童だったら
－ICF-CYからみる鉄腕アトムの生活課題と支援－

はじめに

　鉄腕アトムは，手塚治虫の代表作の一つであり，今日でもCMに登場するなど人々にもよく知られ，親しまれているキャラクターです。漫画としてアトムが誕生したのは1951年4月ですが，その舞台は21世紀の社会であり，アトムが生まれたのは2003年という設定になっています。まさに現在の社会が舞台になっているといえます。漫画の中で，アトムが生まれたころ，アメリカのロサンゼルスでは，ロボットが人間と同じ権利をもつことを社会に認めてもらおうとする運動が行われ，世界で初めて戸籍を登録し，市民権を得たロボットのベイリーが「ボクハ人間ニナレタゾ！ボクハモウ人間ノ権利ガアルンダ！」と叫んで市役所を出た途端に暴徒によってリンチされ粉々に破壊されてしまう事件が描かれています（ベイリーの惨劇の巻）。これはアメリカの公民権運動をモデルとして，黒人と白人との関係性をロボットと人間の関係性に置き換えたものであると考えられます。アトムの漫画には，ロボット（つまりマイノリティ）に対する差別意識を問題視する手塚の人権意識が反映されているといってもいいでしょう。差別という観点では，障害者に対する差別も無視することはできません。いかなる人間（マイノリティ，あるいはアトムたちロボット）も平等な権利を有するという人権意識の重要性を，アトムにおいて描いているといっても過言ではないでしょう。

　さて，その小学生のアトムを，ICFからの視点で彼の生活課題について明らかにし，彼への支援について考えていくことが本稿のひとつの目的です。もうひとつの目的は，アトムというロボットを通して，人間を対象とするICFをもとに，どのようにICF支援シートを作成していくかを示すことにあります。ロボットは当然ながらICFの対象とはならないでしょうが，アトムを事例として示すのは，アトムは人間と同じような感情をもち，人間と同様な暮らしをする権利が与えられており，その活躍（活動と参加）は人々に知られており，ICF支援シートを用いて支援を考えるのに適切なモデルだと考えるからです。

　では，アトムがあなたの学級の児童であると考えて，一緒にアトムという人間像（ロボット像）をとらえて，その対応方法を考えていきましょう。

①　アトムの人生・個人因子

　まず，アトムが小学校に通うころまでの半生記（生育歴）をたどってみます。原作では，2003年4月7日がアトムの誕生日とされています。アトムを作ったのは科学省長官である天馬博士です。彼は交通事故死した自分の息子に代わる存在として科学省の技術の粋を集めてロボットを作り，息子の名前である「トビオ」と呼んでいました。トビオは，人間とほぼ同等の感情をもち，さまざまな能力をもった優秀なロボットでしたが，天馬博士は，トビオが人間のように大きくならないことに気づき，失望し，サーカスに売ってしまいました。このときトビオとしての記憶も消去され，トビオ（アトム）自身のアイデンティティを喪失されたといえましょう。ここからアトムの辛い時期が始まります。サーカス団の団長は，「アトム」と名づけ，ロボット同士の戦いをショーとして見世物にしました。心優しいアトムは，自分と同じロボットと戦い，相手を壊すことに心の痛みを感じます。

　しかし，やがて感情をもつ優秀なロボットにも人間と同じ様に暮らす権利が認められることになり，アトムの素晴らしさに気づいていたお茶の水博士によって救い出されたのです。アトムは，自分一人ではさびしいということをお茶の水博士に訴え，お茶の水博士はアトムの父と母のロボットを作り，家族として生活させることとなります。また，きょうだいとしては兄のコバルト，妹のウランも後から作られます。場面設定・環境条件を後から設定していけるところが，連載漫画のおもしろいところといえます。なお，アトムの漫画は，後から書き直しがあったり，後で書かれた設定が前のものと異なったりすることも多くありますが，その矛盾はここでは看過させていただきます。そしてアトムは，人間の小学校に通うことができるようになり，小学生のアトムが悪いロボットや人間と戦い，ロボットの苦しみも感じながら人間とともに生活している姿，つまりロボットとして自己の確立を図っていく過程が，漫画の中で描かれていきます。

　アトムは，お茶の水小学校3年3組に在籍し，クラスメイトは31人という設定になっています。学級の担任は，江戸っ子気質の元探偵の伴先生（ひげおやじ）です。友だちとして，秀才のケンイチくん，ガキ大将の四部柿（シブガキ），大きな眼鏡をかけた泣き虫の大目玉男（タマちゃん）などがいます。アトムと子ども同士の人間関係は後で述べますが，アトムの学校での立場を考えるうえで興味深いです。

　アトムは，性格が真面目で非常に正義感が強く，思いやりがある存在として描かれています。アトムがより人間らしいのは，時にロボットである自分に苦悩や葛藤することも多いという点です。でも，「アルプスの決闘の巻」では複雑な感情を抱けない（芸術や自然への感動や恐怖心がない）という劣等感から，お茶の水博士に人造心臓を取りつけてもらい人間と同レベルの感情を一時的に得たことがありました。

　さて，ここまでアトムの半生記をざっと見てきましたが，ここでICF支援シートの個人因子の欄を記入してみることとします。支援シートを作成する際には，どこから書くというきまりは

ありませんので，書きやすいところから書いていき，後で加筆することも可能です。

個人因子に書く内容としては，お茶の水博士に救われたことや後から親・兄弟ができたことなどほかにもたくさんあるでしょうが，現在の生活に影響していると思われる内容の記載だけでいいと考えます。

次のような内容になるでしょう。

・2003年4月7日生まれ　　　男のロボット

・小学校の通常の学級に在籍　3年生

・生後間もなく親から捨てられ，サーカス団に売られる。

・ロボット同士戦うことを見世物として行っていた。

・性格は穏やかで，まじめ。正義感が強い。

・生きることに悩むことが多い。

---

② アトムの身体機能と構造

さて，次にアトムの心身機能について考えてみましょう。ここは，アトムがロボットであるがゆえに書きやすいといえます。アトムは，原作では次のような特徴的な7つの力をもっていることに設定されています。なお，アニメや映画では多少のバリエーションの違いがあります。

①善悪を見分けられる電子頭脳。後で，良い人と悪い人の見分けがつくように変更されました。そして，この電子頭脳も頭部から胴体へ移されました。

②60か国語を話せる人工声帯。もちろん電子頭脳のおかげといえましょう。

③サーチライトになる目。これは，人間らしく涙も出る優れモノですよ。

④10万馬力の原子力モーター。後に「地上最大のロボットの巻」において，青のロボットと戦うために100万馬力に改造されます。

⑤足のジェットエンジン。最大マッハ5で空を飛ぶことができます。宇宙空間ではロケットに切り替わる設定となっています。

⑥鼻はアンテナになっており，鼻が伸びて送信アンテナとなります。

⑦お尻（腰）にマシンガンがついています。これは後からつけ加えられたものです。

アトムは原子力をエネルギーとしているため，食事の必要はありません。しかし，人間らしく生活するために，食事の習慣が設けられています。そうでなければ給食のとき，仲間外れになってしまいます。食べたものは食物袋に貯蔵されます。また，耳は人間の1000倍も聞こえ，2000

万ヘルツの超音波を聞き取ることができることとなっています。ほかの部屋にいる悪人の会話を聞き取る際に，聴力を高めて使用する場面があります。

ICF支援シートの心身機能の欄に書くべきことは，同年齢の子どもたち（あるいはほかのロボット）と比べて特に違いのある内容について記載しておくべきだと思います。

アトムの場合は，次のような内容になります。

・善悪が見分けられ，処理速度の早い電子頭脳

・10万馬力の原子力モーター

・空を飛ぶことができるジェットエンジン

・人間より1000倍も聞こえる聴力

・暗闇でもサーチライトで見える目

・どの位置からも2本の角のように見える髪の毛

・人間と同じような肌（引っ張ると伸びる）

・人間のように成長しない体

お尻のマシンガンについては，アトムが普段の生活をしているときにはまったく使用していないため，記載する必要がないと考えます。もし，これで銃の不法所持で逮捕されるとか，友だちから怖がられることがあるなど，アトムの日常生活の活動・参加に大きく影響するならば記載すべき内容となるでしょう。

なお，目から光を出し，同時に物を見ることがどうしてできるのかなどと深く考えてはいけません。また，どこから見ても2本の角に見える髪もありえないなどと，漫画の矛盾点をついても虚しいことです。ここではアトムの生活・人生について考えるのが，第一目的ですから…。

③ アトムの活動と参加

人間の活動と参加を区別することは，厳密には難しいかもしれません。だから，ICFの活動と参加の項目は，もともとは一緒の項目となっています（活動はa，参加はpで表す）。大まかに，活動は個人的な営み，そして参加は社会的・対人関係的な営みととらえて，ICF支援シートに記載してみることにしましょう。

アトムは，世界中のみならず宇宙にも出かけて活躍（活動・参加）をしており，そのすべてをICF支援シートに記載することはとても無理なことです。私たち人間だって活動・参加をすべて記述することは不可能です。教育場面においてICF支援シートを書くことの目的は，その子どもの抱えている課題を考えるとともに，支援の方策を考えるためのものです。したがって，ア

84　Ⅳ　ICF支援シートを作成してみよう！

トムの学校場面や生活場面を中心にして，アトムの問題把握と支援という視点から活動と参加について記載して置くことが重要だと考えます。

　活動の欄には，次のようなことを書けばいいでしょうか。

・160か国語を話すことができる。

・マッハ5のスピードで空を飛ぶことができる。

・とても力持ちであるが，学校ではその素振りがない。

・人間と同様に，睡眠や食事など日常生活動作を自分で行っている。

・友だちに優しく接することができる。

　勉強に関しては，アトムは電子頭脳のためにすばらしくできると思われるかもしれませんが，勉強ができず，母親から「おまえ，学校の成績が下がったの知ってる」と叱られる場面も描かれています（キリストの目の巻，1959.1）。また「すり替え頭脳の巻（1964.10）」では，テスト返却があり，アトム（このときは6年生）が一番であるのに対して，一番になりたい井地は「アトムは電子頭脳だからできるのが当たり前です」「勉強しなくってもおぼえられるんだから」と伴先生に文句を言うシーンがあります。伴先生は，ロボットも同じように勉強していることを伝えますが，井地は帰宅後母親にアトムがいるから一番になれないことを訴えて，その母親はロボット屋にアトムの電子頭脳を取り替えることを依頼してしまいます。それによってアトムはまったく勉強ができなくなりますが，アトムは「僕がんばりますよ。勉強します。」と猛勉強して元のように戻ることができました。描かれているのは，ドラえもんの道具に頼るのび太のようではなく，自ら努力する姿であるといっていいでしょう。アトムはスーパーロボットではなく，人間に近いロボットなのです。

　それでは次に，アトムの参加状況について検討します。一般的に，ICF支援シートの参加の欄には，友だちや集団と関係がある内容を書きます。

　アトムの場合は，次のような内容になるでしょう。

・学校に楽しく通っている。

・家族や友だちと仲良く過ごしている。

・悪いロボットと戦い，人間と仲良く生活をしている。

・世界中に出かけていくことが多い。

---

④ アトムの環境因子

　次に，アトムを取り巻く環境因子について記入をしていくことにします。環境因子は，「両親ときょうだい２人」と記入するのではなく，子ども本人にとって，どのような家族や友だちなのか，その子どもにどのようなリソースがあるのかなど，子どものより豊かな生活を過ごすうえでの環境について検討することができる内容を記載することが大切だと思います。

　アトムの環境因子は，次のような内容でしょうか。

・アトムのことを愛している父と母

・弟思いの兄コバルト，甘えん坊の妹ウラン

・ロボットのことを差別する意識が残っている人間社会

・いろいろなタイプの子どもがいる３年３組の友だち

・アトムの面倒をよく見てくれるお茶の水博士

・アトムのことをよく思ってくれる江戸っ子気質の担任，伴先生（ひげオヤジ）

・今日の社会ではあるが，空飛ぶ車などがある非常に科学が進歩した社会

　ロボットを取り巻く人間社会の意識は，かなり差別意識が残されていることになっています。アトムが在籍する３年３組においても同様です。ロボットのトントが３組に転校してきたとき，四部垣は，「おいロボットだぜ」「先生っ！！うちのクラスのロボットはアトムひとりでも多すぎます」と文句を言うのです。ひげオヤジは，「人間も多すぎると思わんか!?」と一喝すると，四部垣は「へーい」と矛を収めますが，掃除の時間には「ロボットは働くもんだ。きょうのそうじはおまえひとりでやんな！」とトントに掃除をさせ，雑巾を投げつけ，いじめる場面が描かれています（青騎士の巻　昭和40年10月号〜41年3月号　少年連載，235・15巻）。先にも述べましたが，この漫画が書かれた当時，アメリカでは人種差別問題が深刻になっていたため，その影響も受けて人間とロボットの関係が描かれていると考えられます。

　両親は，アトムより後から作られ，勉強も足りないためにアトムと同じ小学校の1年生として学んでいることになっています（学校で勉強しているシーンは出てきませんが）。しかし，アトムの勉強ができないことに頭を悩ませたり，アトムを叱責したり，子育てに関して夫婦喧嘩もするなど，とても人間らしい（？）家族だといえます。

86 IV ICF支援シートを作成してみよう！

⑤ アトムの主体・主観

　最後にアトムの主体・主観について考えていきます。アトムと兄（といっても小学校1年生）のコバルトとの会話において，コバルトが「でもさ，ぼくたち人間の学校にいるじゃないの」に対してアトムは，「それはね，ロボットがすこしでも人間と同じように暮らしたいからさ」（ウランちゃんの巻）と答えています。アトムは人間とともに仲良く暮らしたいという意識を強くもっており，お茶の水博士や伴先生などの人間を信頼しています。善悪をよく理解しており，正義感がとても強く，その一方で，人間がロボットを差別することに対して疑問を有し，だんだん批判力もつけていきます。ロボットの視点から，ロボットと人間が仲良く共存することを願っているといえます。そうした本人の思いや願いを，主体・主観の欄に記入するとよいでしょう。

　こうして作成したのが，アトムのICF支援シートです。（**図4-2**，p.87）

⑥ アトムの生活課題とその支援

　アトムは，頭脳明晰で力も強く空も飛べ，また人間らしい感情ももち，性格もいい万能のロボットであると思われるかもしれませんが，人間と同様な心をもっているがゆえに悩みも多く，周囲からの支援が必要な存在であるといえます。

　では，どのような支援が必要でしょうか。あなたがアトムの担任だとしたら，アトムの特別なニーズに対してどのような支援を講じればよいでしょうか。

　個人因子の生育歴と主体・主観との関係から見てみましょう。アトムは人間のように体が成長しないという理由で愛着行動が充分に形成される前に，父親である天馬博士からサーカスに売られたという過去をもっています。アトムの自分はひとりぼっちというさびしさを御茶ノ水博士は理解し，家族を作ってくれました。家族と生活する中でアトムは，家族愛・信頼感そして自己肯定感を育てていったと考えられます。生育歴が本人の人間形成に大きく関わり，現在の主観（本人の考えや思いなど）にも大きく影響していると思われます。

　次に，環境因子との関係からアトムの主観や活動・参加との相互作用を考えてみましょう。アトムが住んでいる21世紀の社会は，ロボットに対して差別意識のある社会です。人間というマジョリティに対してロボットはマイノリティであり，今日の健常者と障害者の関係といってもいいでしょう。自分の意思や考えを有するロボット同士を戦わせるなどロボットの権利は認められておらず，アトムが学校に就学したのはまさに例外的なケースであるといえます。そんな社会に生きるアトムは，自分がロボットであることを自覚せざるを得ませんし，自分の考えをもちながらも社会的な要請に基づいて悪人と戦っていくという活動・参加をしています。社会的環境の中で，さまざまな場面に翻弄されながら，悩みながら生きているという社会的存在なのです。

　活動・参加の面から，アトムの生活課題について考えてみましょう。アトムは優秀なロボットですが，一人の子どもとして見るならば課題の多い子どもです。生活面ではロボットが外国へ行

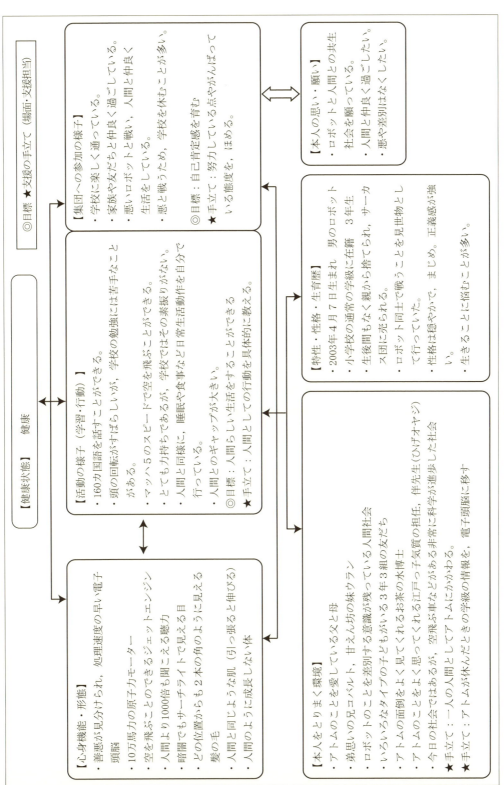

図4-2 ICF支援シート（アトム）

くことを禁じられていた時代においても，アトムは毎晩，人のために海外に行っています。これは教師や親の視点から考えるならば，いわゆる夜遊びです。また，悪いロボットや人間と喧嘩・戦いをしたり，マシンガンを発射したり，飛行計画も出さず空を飛ぶという飛行少年ならず非行少年ともいえるロボットです。鉄腕アトムのテレビ放送が行われていたころは，毎週主題歌とともにアトムが飛んできて相手をやっつけて事件を解決するという活躍ぶりでしたから，おそらくアトムは学校を勝手に休む長期欠席児童だったのではないかと推測できます。

　教師の立場から考えると，アトムはかなりの問題児であり，生活課題の多い児童ですね。このアトムに対して担任である私たちは，どう対応すればいいでしょうか。これまでアトムの実態について検討してきました。次に目標を設定しなければなりません。どのような指導目標が立てられるでしょうか。「毎日休まず学校に来ることができる」「人間と同じように生活する」などは，アトムの実態から考えると実現が難しい非現実的な目標ではないでしょうか（非現実的な想定で考えていますが…）。指導目標は，実現が可能に思える具体的なものがよいでしょう。たとえば，アトムの行動を一部認めたうえで，「学校内では，人間と同様な生活をする」「急用で出かけるときは，先生に了解を求める」といったところでしょうか。

　次は指導の手立てです。目標に対しては，ルールを守れたかどうかのチェック表を作成して，アトムが守れればほめるといった方法が考えられます。手立ては，表面的には指導のためのツールや賞賛など形に現れるものですが，なによりも教師がその子どもにどのように向き合うかという教師の意識・姿勢が重要です。アトムのケースでいうならば，アトムをひとりの人間として他児と同様に扱うことでしょう。伴先生のように，アトムの悩みを理解しながら，できるだけ人間と同じようにアトムを指導することが求められます。アトム特有のニーズとしては，休みに対する対応があるかもしれません。学校を休みがちなアトムには，クラスのできごと・情報をアトムにきちんと知らせる必要があります。クラスの様子を録画しておき，アトムの電子頭脳に移すとか，ビデオ学級だよりを活用する方法が考えられるでしょう。これは特別な扱い（えこひいき）ではなく，合理的配慮といえます。わが国でも障害者差別解消法が施行されれば，合理的配慮をしないことが差別となります。障害のある個々の子どもにとって，他の子どもと同様な学びを保証するための条件整備です。アトムの場合もそうでしょうが，ケースに応じて考えていくことが必要です。

　アトムについてICFによる実態の把握，そして指導目標の設定，その目標達成のための手立てを考えてきました。お気づきのように，これは個別の指導計画を作成する手順です。ICF支援シートを作成することが，個別の指導計画作成の前段階になっているのです。もちろんICF支援シートを作成しなくても，個別の指導計画を作成することができる先生もいらっしゃるでしょうが，その場合もICF支援シートのような構造で子どもの実態や課題をとらえているのではないかと思います。頭の中でICF支援シートのイメージを作ることができるようになると，適切な目標や手だてを考えることができるでしょう。

おわりに

　ICFは，人間の生活機能と健康や障害について考える指標です。ホンダのASIMOのように人間らしい運動能力と会話能力を有していても，ASIMOは感情や意思を有していませんので，ASIMOは生活レベルにおいてなんら支援を必要としている存在ではありません。本論ではアトムを対象としてICF支援シート作成について考えましたが，これはアトムを人間と同様な存在としてとらえていたために可能なことであったといえます。

　人間は，一人ひとりが独自の存在であり，誰もが一人では生きていくことのできない社会的な存在です。今日の社会では，ロビンソン・クルーソーのように自給自足による一人での生活は考えられず，衣食住にわたって多くの人の生産物（助け）によって生きることが可能になっているといえます。一人ひとりの活動・参加が，その人が置かれた環境因子と相互関連しているといってもいいでしょう。

　私たち教師は，自分自身が子どもたちよりは長い歴史的背景（生育歴）をもつ社会的存在であるとともに，子どもたちの成長における重要な意味をもつ環境因子であります。教師の役割は，子どもたちに知識・文化を伝達することだけでなく，社会的規範を教えながら思考力・論理力などを育成して，子どもの発達を支援することにあります。その前提として，一人ひとりの特別な教育的ニーズをも適切に把握することが求められています。子どもの全体像や課題，ニーズを把握するには，ICF支援シートをイメージしながら考えることが有効であると考えます。子どもの現在の遂行状況が意味するものを，生育歴，本人の身体的・精神的機能，環境因子などから考えながら個々のニーズをとらえ，その課題を解決していくためにきちんと対応していくことが，これまでも教員に求められた資質であるし，また今後も必要な資質であるといえます。ICF/ICF-CYによる子どもの全体像の把握や，課題解決の方策を講じる力は教師にとって不可欠な資質・能力であると考えます。

コラム　教育・指導と支援の違い

　特別支援教育がスタートしてから，「支援」という言葉を使用することが非常に増えてきたと思いませんか。たとえば，「子どもが達成感を感じられるように支援する」とか「○○ができるように支援する」と使っていますが，ここで使っている「支援」は，「教育」とか「指導」という言葉とどう違うのでしょうか。つまり，「子どもが達成感を感じられるように指導する」とか「○○ができるように指導する」と，どう違うのでしょうか。おそらくあまり違いを意識することはなく，「支援」のほうが「指導」よりも柔らかいイメージで，「指導」のような上目線ではない感じがするために「支援」を使っているのではないかと思います。ここで，支援と指導あるいは教育の違いについて考えてみましょう。

　「支援」という言葉は，学校教育においては，1992年度から正式に生活科が導入されたときに「教師の支援が必要」ということが強調され，また2000年度から総合的な学習の時間が導入されたときには「教えるのではなく支援をおこなう」ことが強調され，「指導でなく，支援をしなければならない」と誤って解釈されてきた感があります。「支援」は「指導」の反対の言葉ではありませんし，同義でもありません。

　学校教育では，「教育目標」とか「指導目標」は，よく使用する用語ですが，「支援目標」という用語を使っている先生方はいらっしゃるでしょうか。おそらくいらっしゃらないでしょう。学校教育場面においては，教育目標，指導目標や学習のねらいを達成するために支援を行うといえます。総合的な学習の時間では，自ら課題を見つけ，自ら学び，自ら考え，主体的に判断し，よりよく問題を解決する資質や能力を育てることなどをねらいとしており，そのための支援が求められているわけです。

　支援は直接支援と間接支援に分けて考えることがあります。直接的支援とは，活動をよりよいものにするために，教師が学習場面で子どもに対して直接的に関わる支援です。教示，言葉かけなどがこれにあたります。間接的支援とは，活動の場を整備するとか，活動に必要と思われる教材・教具を準備するなどの支援です。「環境の構成」などと呼ばれる場合もあります。いずれの支援も，子どもの活動や参加の状態をよりよくするための具体的な手立て・手続きであり，ICFの環境における促進因子といえます。学校教育において支援という用語は，指導方針やねらいに基づいた具体的な支援（直接的支援・間接的支援）であると考えられます。

　なお，「特別支援教育支援員」が2007年度から配置されるようになりましたが，この支援員とは，食事，排泄，教室移動の補助といった学校における日常生活上の介助，LDの児童生徒に対する学習支援，ADHDの児童生徒に対する安全確保などの学習活動上のサポートなどを行う者を意味しています。この場合，教育・指導と支援は明確に区別されています。また，障害者福祉サービス事業においては，直接対人援助業務を行っている専任の職員には生活支援員，就労支援員，職業指導員などがいますが，ここでも支援と指導が区別されています。　〔K.I〕

★ヒント★ 子ども理解と手立てを考える

　ICF支援シートは，子どもの実態を把握し，目標や手立てを考えるために有効なツールです。しかし，目標設定においては，教師によって異なる目標を設定することは当然ですし，また指導の手立てもいろいろな方法が考えられます。教師のパーソナリティや子どもとの関係性によって，対応方法が変わることはいうまでもありません。そもそも，パーフェクトな指導・支援というものは，存在しないかもしれません。しかし，子どもがよりわかりやすく学習をしたり，生活上のトラブルを改善できたりすることによって学校生活を楽しく過ごし，自己肯定感を育てる指導をしていきたいものです。

　ここでは，事例を通して，目標設定や手立てのヒントについて考えてみたいと思います。

◎子どものニーズ・成長に必要なことは，何かを考えましょう。

■事例：知的に少し遅れのある広汎性発達障害の中学1年生男子。

　ある日のこと，給食を配膳された後，自分のおかずの量が他の生徒のものと比べると少ないのに気づき，「（配っていた）○○がいじわるをした。わざと俺のおかずを少なくした。」と泣き叫んでしまいました。どのように対応しますか。

☞ 指導・対応方法

　この生徒に対し，先生が「本当に少ないね。じゃあ，継ぎ足してあげるから泣くなよ」と言って対応しても，本人の課題の根本的解決にはなりません。この生徒のニーズは何でしょうか？「おかずをもっとほしい」は，本人のディマンド（要望）です。おかずを増やしてあげて本人が満足しても，本人のニーズは満たされていません。一般的に中学1年生の子が人前で泣くとは，みっともないことです。「泣くのをやめなさい」と注意するだけではなく，「泣くのをがまんする」ことを教えたいものです。そう考えますと，現時点で本人にとって必要なこと・ニーズは，嫌なことがあってもがまんする力の獲得であり，そういう場面で活用できるスキルではないでしょうか。「先生，僕のおかずが少ないから増やしてください」と言える力・スキルを身につけさせなければ，問題解決にはつながりません。本人のニーズは，専門家である先生がとらえることが大切です。

　そのためには，どのように指導すればいいでしょうか。こんな手立てはいかがでしょうか。泣き止んで落ちついたときに本人を呼んで「○○くんの明日の給食のおかずは，少なくするからね」と先生は言います。きっと「いやだあ」と文句を言うでしょう。「でも，全員が配ったあとで，『先生，僕の給食少ないです』と言えたら，いっぱい継ぎ足してあげるよ」と先生は条件を出すのです。

　この生徒のように嫌なことがあると人に責任をなすりつけるのは，人との関係性に課題のある広汎性発達障害の子どもによくみられる特性ですが，それによって友だちとの関わりという

点でICFの「参加」が制約されています。この場合は，周囲の人がこの生徒のために合わせていくこと（環境の調整）ではなく，少しの間，がまんできる力（本人の心身機能の向上）と自分で問題を解決できるスキル（活動の広がり）を身につけていくことが，この生徒の発達を促す要因であると考えます。

■**事例**：自閉症・情緒障害特別支援学級に在籍する自閉症スペクトラム障害の小学校3年生の男子。

　自分の好きな先生を見かけたり，興味のあることを見つけたりすると，廊下をバタバタと走っていきます。他のクラスの迷惑にもなるので，「廊下を歩くことができる」という目標を設定しました。どのように対応しますか。

☞ **指導・対応方法**

　廊下を走らないという約束を守らせるには，教室のドアに「廊下を走らない」という絵カードを貼っておく，廊下にテープでバツ印をつけて走らないことを意識させる，廊下に花瓶を置いた机を配置して走りにくくする，などの手立てが考えられるかもしれませんね。これらは，環境因子を変えることで，活動・参加を変容させようというものです。それでは，この子どものニーズは何でしょうか。本児の場合，走ること自体が大きな問題ではなく，バタバタと音を立てて走ることが問題でした。それならば「静かに走ることができる」という技能を獲得することが，ニーズであり，目標であると考えてもいいのではないでしょうか。バタバタ音を立てて走るのは，筋力がなくて着地のときに自分の体重を支えきれず，バタンと足裏をつけていることが考えられます。体育の時間，筋力をつけることを意識したトレーニングを導入し，静かに走る練習として「忍者走り競争」といった単元をつくってみてはどうでしょうか。音を立てて走るのは「忍タマ」，少し音が出るのは「中忍」，音を出さないで走れるのは「上忍」といったランキングを導入して競争してみるのも楽しいかもしれません。「走っていると忍者だとわかるから，歩く忍者がエキスパート忍者」ですね。

◎**目標達成のために，手立ては柔軟に考えましょう。**

■**事例**：注意散漫で，体操服に着替える際，洋服の片づけがうまくできない小学校2年生の女子。

　ADHDが疑われる子どもで，机の中もぐちゃぐちゃです。1年生のときから，「きちんとたたみましょう」「端と端を合わせて，折りたたみます」などと注意してきましたが，一向にうまくたたむことができません。どのように対応しますか。

☞ **指導・対応方法**

　担任の先生は，1年生のときからずっと細かく指示を与えたり，注意をしたりしてきました

が，なかなかうまくいきません。指示や注意，そして手を添えることも，環境因子です。しかし，活動や参加に有効ではない方法をずっと続けても仕方ありません。注意をしても本人は聞いていなかったり，「先生がまた何か言ってる」という具合でしょう。有効な方法・手立ては，なんでしょうか。やり方を示すという点では，手順を写真に撮ってカード化して視覚的に示す方法もあるでしょう。では，たたむ際の治具として型紙を使う方法はいかがでしょうか。型紙を洋服の上に置けば，決まった形でたたむことができます。「洋服をきちんとたたむことができる」という目標を達成するには，道具・治具を使ってもいいのです。もし他の子どもが「○○ちゃん，ずるい。そんな道具使って…」と言うならば，「上手にたたむためには皆も使っていいよ」と言えばいいだけです。本人の不得意な点を道具で補うのは，環境の調整です。環境因子を変えることにより，目標である「活動の制限」を解消されるならば，その手立ては有効であるといえるでしょう。

◎特性を考慮した働きかけをしましょう。

■事例：通常の学級に在籍する高機能自閉症が疑われる中学2年生の男子。

　クラスの中で，親しい友達は少ないものの，人間関係はとりあえずうまくいっています。学習面もノートをうまくとれないことはありますが，学業成績は普通です。部活はテニス部に属して，副部長をやっているそうです。担任の先生は，少し変わった生徒と認識していますが，部活の先生はこの生徒を真面目で融通が聞かない生徒と思っています。先生が「困っていること」は，責任感が強いからか，部活のことが心配で，雨が降りそうだとすぐに職員室に来て「雨が降りそうですが，部活はどこでやりますか？」などと聞いてくることです。「自分たちで判断して，決めろ」と指導しているが，うまくいかないそうです。どのように対応しますか。

☞ 指導・対応方法

　この生徒に関する担任の先生の主訴は，「自分の気持ちをはっきりと伝えることができるようにするにはどう指導したらいいか」でした。自分の感情や思いをはっきり伝えることは，自閉症スペクトラム障害の子どもには難しいことです。このことを目標としても，達成は困難でしょう。「いやなことを言われた場合，はっきりと嫌だと意思表明ができる」ならば，ロールプレイングなどを通して達成が可能かもしれません。

　さて，先生方が困っている部活への心配と質問には，どう対応したらよいでしょうか。これには，職員室の前に「本日の部活（テニス部）」のホワイトボードを掲げておくことが考えられます。そのボードに「雨が降った場合は体育館」などと書いておけば安心できます。スケジュール変更が苦手とか，見通しがもてないと不安な子どもには，何を見ればわかるという視覚的なツールや教材（環境因子）が有効です。

◎注意ではなく，褒めることを基本とした指導をしましょう。

■事例：鉛筆をかじる小学校３年生の男子。

　毎日，お母さんが鉛筆を５本用意してくれますが，授業中鉛筆をかじり，すぐに駄目にしてしまいます。鉛筆かじりをやめさせるにはどうしたらよいでしょうか。どのように対応しますか。

☞ 指導・対応方法

　この子どもにも，先生はこれまで何度も注意してきました。でも注意は効果的ではありません。どんな方法を思いつきましたか。鉛筆にキャップをつける，鉛筆にテープを巻く，「鉛筆をかじりません」と紙に書いて机に貼っておく，シャーペンを使わせる，鉛筆に苦い物質（バイタ—ストップ：爪かみ防止のものです。）を塗っておく，などの方法を考えたかもしれません。指導では，注意よりもほめることのほうが有効であるのは，自明です。それでは，この子どもをどのようにほめましょうか。「かまないときにほめる」だけでは，不十分です。こんな取り組みはいかがでしょうか。本人には「鉛筆を持ってこなくていい」と伝え，先生の鉛筆を貸します。その際，「この鉛筆は，内緒だけど先生が好きだった人からもらった大切にしている鉛筆なんだ。だから，かまないでね。約束だよ。」とか言って貸します。そして授業後，返してもらったら「かまないで，ありがとう。約束守れたね。」というのはいかがでしょうか。本人にかまないことを意識させて，できたときにほめることが有効だと思います。

◎自己肯定感や本人のプライドを尊重する指導をしましょう。

■事例：高機能自閉症の小学校２年生男子。

　プライドも高く，知的能力は高い子どもですが，休み時間に運動場に行くと自分の興味のある虫探しをして，始業前のチャイムが鳴っても教室に帰ってくることができません。どのように対応しますか。

☞ 指導・対応方法

　担任の先生は，紙でリストバンドを作り，それに帰ってくる時間を書いてあげるという方法を取っていました。もっといい方法がないでしょうか。キッチンタイマーを持たせて，鳴ると帰ってくるという方法がいいですよね。この場合も，授業前に「みんな揃っていますか？全員いるので，日直さんお願いします。」という「授業始めます係」を任命し，「この係は，授業を始めるための大変大切な役だから，必ず帰っておいで」とタイマーを持たせると，より有効ですよね。本人のプライドをくすぐり，時間を管理する意識をもたせたいものです。

〔K. I〕

V
ICF支援シートの活用例！

知的障害のある児童に対する
入学時における指導と支援

　知的障害を主たる障害とし，対人関係が未熟でコミュニケーションが難しいため社会生活能力に著しい遅れがあり，幼稚園では，集団生活から離脱しがちだったトキオ（仮名）が，新1年生として特別支援学級に入級することになりました。小学校という新しい環境に適応して安定した学校生活が送れるようになることをめざしました。

1．対象児童の概要

　トキオは，2歳で入園した保育園で発達の遅れを指摘され，3歳のときにリハビリテーションセンターにて言語聴覚療法，4歳より作業療法を受け始めました。保育園では支援児保育が開始されました。それでも，トキオはほとんど集団行動がとれず，卒園式も参加できませんでした。小学生になって毎日学校へ通学することができるのか，保護者は大きな不安を抱えていました。入学時には，療育手帳B2を取得していました。

2．支援の方向性

(1) ICF支援シートの作成

　入学してからのトキオ君の行動を観察することにしました（4月～5月）。登校は保護者と一緒に徒歩でしたが，途中で虫取りやカエル取りを始めてしまい，始業時間までに来られないことが多くありました。また，比較的早く登校しても，校庭の遊具で遊び始めると教室の中に入れない日が続きました。担任がその場まで迎えに行き，時間をかけて教室まで連れて行きましたが，日によっては母親の名を叫んで泣くこともありました。

　登校後は，交流学級で朝の会を行うことになっていましたが，着席が難しく，廊下で遊んで過ごすという日が多くありました。また，朝の会に参加できた日も，出席の返事をするとすぐに特別支援学級のプレイルームへ戻り，おもちゃを出して遊び始めました。

　授業中に，突然，教室から出て，体育館や校庭（時には校外）へ行ってしまうことがたびたびありました。それを止めようと体を押さえると，奇声を上げて振り払おうとして暴れ，治まるのに十数分かかりました。

　学年や学校全体の活動（朝会等）に対しては強い拒否を示し，体育館にも入ろうとしませんでした。無理に入れると，奇声を上げながら走り回り，少しもじっとしていませんでした。

　学習面では，課題（線なぞりやシール遊びなど）にはほとんど関心がなく，プリントを丸めた

98　Ⅴ　ICF支援シートの活用例！

り破いたりしてしまうことの方が多い状況でした。それを制止すると，大声を出し，机やいすを蹴ったり，シューズを投げたり，床に転がって暴れたりしました。高い所が好きで，柵の上，手すりの上などに上ろうとすることがよくあり，とても危険な状態でした。

　こんな状況でしたので教員の共通理解を図るために，まずはICF支援シートを作成しトキオの全体像をとらえることにしました（**図5-1**）。

（2）ICF支援シートをもとにした校内委員会

　校内委員会は，校長・養護教諭・担任（特別支援教育コーディネーター）・副担任・交流学級担任・教科支援助手の７人で行いました。トキオの全体像を理解してもらうために担任がICF支援シートをもとに説明し，今後の支援方法を話し合いました。

■　校内委員会では，トキオは「できることもたくさんあり，人なつこいかわいらしい児童であるが，知的な遅れと経験不足のために不得意とすることを，教師・大人から強く指導され続けたために不適切な行動や問題が起こっている」という彼の問題行動の背景を共通理解することができました。そして，「自己肯定感を高める」ためには，「活動・参加」の中でうまくいっていることに注目し個別の指導計画の目標を立てることが必要であると確認しました。また，母親がトキオの育児に疲れ気味であることから，母親へのサポートも同時に行うことが大切であることも理解されました。

> **ポイント**
>
> ☆支援者の共通理解と支援の方向性を見いだすためのICF支援シートです。

3．ICF支援シートと個別の指導計画

　ICFの考え方は，環境も含めて子どもの生きることを全体としてとらえるものです。ですから，ICF支援シートから個別の指導計画に下ろしていくことによって，子どもの様子を多面的に理解したり，支援方法を具体的に構築しやすいというメリットがあります。

（1）学習の目標

> 体育の授業に参加し，始めと終わりのあいさつができる。

■　特別支援学級の児童は，体育の授業は交流学級で受けていましたが，集団行動の苦手なトキオは参加することができませんでした。しかし，タイヤ跳びやかけっこは大好きでよく遠巻きに見ていました。そこで，得意な活動のときだけ一緒に混ざって活動することから始め，少しずつ列に並んだりあいさつをしたりすることを増やしていきました。少しでも列に並ぼうとす

> **ポイント**
>
> ☆子どもの良さを生かす指導によって，子どもの学習や生活上の困難がよりよく改善されます。

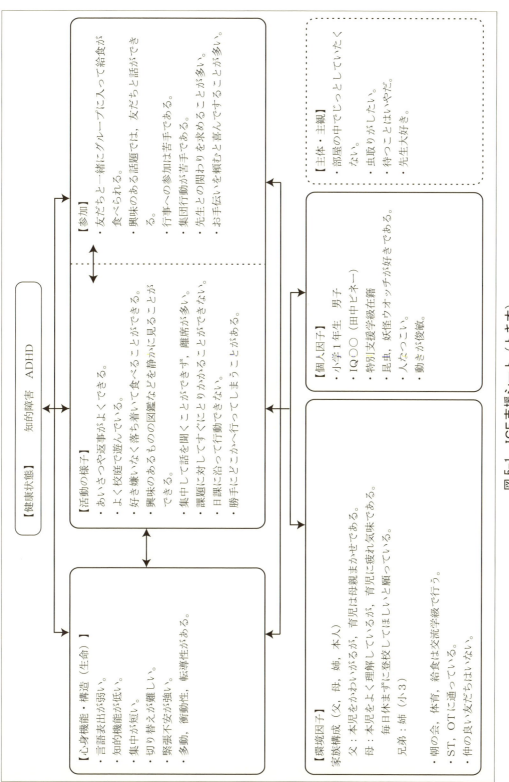

図 5-1 ICF支援シート（トキオ）

100　V　ICF支援シートの活用例！

るそぶりを見せたときには大いに賞賛し，できなくても認めて
いくようにしました。すると，だんだんと「始めと終わりのあ
いさつをする」ことができるようになっていきました。

　秋に校内持久走大会があり，スタートからゴールまでを同じ
学年の児童とともに走りきることができました。応援に来た母
親は，成長した姿を見て涙を流して喜びました。トキオもたく
さんほめられ，達成感と自信をもつことができました。

ポイント

☆本人の主観や保護者
の願いを大切にして指
導していきます。

（2）生活の目標

> グループに入って，給食を食べることができる。

■　トキオは，給食のときは落ち着いて食事をすることができま
した。そこで，給食時は交流学級に行き，グループに入って一
緒に食べることにしました。それでも，突然歩き出したり手を
使って食べ始めたりするようなときもありました。周りの子ど
もたちはトキオの行動特性についてよく理解していたので，過
剰に反応することなく自然に受け入れてくれました。トキオの
好きな昆虫や妖怪ウォッチの話などをしてくれ，楽しい給食の
時間になったようです。楽しい時間の中で，「チャイムがなっ
たら教室に戻る」「始めと終わりの挨拶をする」ことも指導す
ることができました。

ポイント

☆通常の学校において
学級集団は重要な環
境因子です。「障害理
解教育」を行ったり，
「ユニバーサルデザイ
ン」を取り入れること
が大切です。

4．「環境」の調整

■　一日の流れを決め，毎日同じような流れで生活できるように
しました。行事などで変更があるときには，事前によく説明し
ました。

■　教室環境においても構造化を図り，生活に見通しをもちなが
ら，のびのび生活できるようにしました。

■　母親が，トキオの障害を十分理解して上手に関わりがもてる
ように支援しました。登下校の際，その日の様子やできごとを
できるけ肯定的に伝えてたり，連絡帳のやりとりを密にしたり
しました。行事の前には，十分な話し合いの時間をとり，保護
者の願いを聞き，「できること，できないと予想されること」
を伝えトキオの行動で一喜一憂しないように支援しました。

ポイント

☆目標達成のための環
境調整を検討します。
☆学校の物的環境だけ
でなく，教職員や学級
集団などの人的環境，
保護者などの家庭環境
も環境因子です。

個別の指導計画

NO. 1

学年・組	○○小学校　1年○組	担任名		記入日	○○○○年○月○日
氏　名	宇都宮 トキオ	○○　○○		評価予定日	○○○○年○月○日

診断・検査等	知的障害，ADHD 田中ビネー　IQ○○ 療育手帳 B2	学力等	・ひらがなの読み書きができない。 ・自分の名前は書ける。 ・数字が読める（10まで）。

	学習	生活
実態	【うまくいっているところ】 　数えることが好き。 　かけっこやタイヤ跳びが好き。 　図鑑を見ることが好き。 【つまずいているところ】 　プリント学習が苦手である。 　線なぞりがうまくいかない。 　筆圧が弱い。	【うまくいっているところ】 　好き嫌いなく給食が食べられる。 　お手伝いができる。 【つまずいているところ】 　集団行動が苦手。 　行事の参加が難しい。
指導目標	体育の授業に参加し，始めと終わりのあいさつができる。	グループの中で昼食を食べることができる。
指導場面	体育の授業 ・担任 ・交流学級の担任 ・指導助手	給食の時間 ・担任 ・交流学級の担任 ・指導助手
手立て	好きな活動に誘うことから始める。 列に並べたときは賞賛する。 無理強いはしない。	給食グループのメンバーに，本児の好きなことを知らせておく。 チャイムの合図で教室に戻す。 待っている時間は，好きな本を見ていることにする。
評価		

図 5-2　個別の指導計画（トキオ）

102　V　ICF支援シートの活用例！

- ■　トキオと初めて交流する児童は，奇声を上げたり暴れたりする様子をなかなか理解できなかったようです。また，児童が親切のつもりでする行為が，トキオにとってはとても耐え難いということもありました。そこで，上手なつきあい方を，具体的にその場その場で教えることにしました。
- ■　本校の全職員に，トキオの障害とこれからの指導方針を説明し，校内で一人でいるときにはどのような声かけや支援が必要かについて共通理解を図りました。

> 担任以外の教員がトキオの特徴をよく理解してくれました。廊下ですれ違ったときには声をかけたり，飛び出していったときには止めるなど，その場に応じた対応がうまくいくようになっていきました。もともと人なつこい子なので，声をかけてもらうとかわいらしい笑顔を見せました。用務員さんは，外回りの仕事があるときに本児に手伝いをさせたり，一緒に虫取りをするなど，教室での活動に飽きてしまったトキオの気分転換をしてくれました。トキオもそれを励みに，次の活動に取り組めることもありました。

ポイント

☆学級から飛び出して行くような子どもについては，共通理解をはかり，全校体制で見守っていくことが大切です。

5．まとめ

　ICFの考え方は，複数の人が子どもを「共通の認識」で理解するためのツールとして使うことができます。そこで，この事例では校内委員会での話し合いや職員の児童理解のための資料として，ICF支援シートを作成しました。その結果，トキオの不適切な行動だけに目を向けるのではなく，「何ができて何ができないか」「環境はどうか」「子どもの主観や保護者の願いは何か」など，トキオを全体像としてとらえることができました。

　個別の指導計画を作成する際も，ICF支援シートを活用することによって「活動・参加」の状況の中で「うまくいっているところ」が見つけやすく目標の設定に有効でした。短期目標は3か月ごとに見直し，目標を評価改善していきました。

　こうして，学校全体で共通の認識をもち統一した支援をすることによって，トキオは「学校大好き」になりました。入学時の保護者の願いにあった「毎日休まずに登校してほしい」という願いを，実現することができたのです。

自閉症児の宿泊学習における交流および共同学習

ワタル（仮名）は3歳のときに自閉症の診断を受け、小学校入学時より特別支援学級に在籍している児童です。自閉症の特徴である、対人関係やコミュニケーションにかなりの困難性があり、集団での活動に適応することが難しい状態でした。そして、ワタルは5年生の秋に、交流学級の児童とともに2泊3日の宿泊学習に参加することになりました。そのとき、特別支援学級の担任が、交流学級の児童や担任にICF支援シートを用いてワタルについて説明しました。これをきっかけに、交流および共同学習が効果的に実施できるようになりました。

1. ワタルの生育歴・家族環境

ワタルは3歳児健診で医療機関の受診を勧められ、自閉症の診断を受けました。1歳年上の兄には軽度の知的障害があり、保護者は「ワタルにも障害があることを覚悟していた」とのことで、両親とも本人の障害をよく受容して積極的に療育を行ってきました。また、祖母は障害者のグループホーム運営に関わったことがあり、障害への理解、支援のスキルをもっていることもあり、ワタルに障害があることがわかると、祖父母は実家を引き払い、近くのアパートに転居し、ワタルの両親の手助けをするようになりました。

2. 小学校に入学してから

入学式は入場前から落ち着かず、呼名後に退場。その後、保護者席で両親と参加しました。特別支援学級に入級し、構造化された環境で学校生活を送る中で、徐々に落ち着いて学習にも取り組めるようになりました。しかし、通常の学級との交流および共同学習はなかなか成立せず、学校行事等での集団への参加も部分的でした。無理に参加を促すと激しく拒否し、教師に対して「あっち行け」等の暴言も出るようになりました。

ワタルが5年生になり、特別支援学級の担任が替わったことをきっかけに、集団参加を意図的に進めることにし、まずは交流学級の朝の会に出席することを行いました。交流学級の担任は当初、「（教室に）いることは構わない」として、朝の会中に離席したり教室を飛び出したりしてもそのままにしていて、ワタルと積極的には関わろうとはしませんでした。全校集会などへの参加については、会場にいることはできても、集会中に突然大声を出したり笑い出したりするなど、適切な支援が行えていない状態が続いていました。2学期になり、11月の宿泊学習に向けた準備が始まるようになると、交流学級の児童たちが「ワタル君とも一緒に宿泊学習に行きたい

V ICF支援シートの活用例！

104   V   ICF支援シートの活用例！

が，ワタル君が何を考えているのかわからない。」「ワタル君とどう接したらよいかわからない。」などと担任に相談するようになりました。そこで，ワタルの両親の了解を取り，特別支援学級の担任が交流学級の学級活動の時間に「ワタル君について」の授業を行いました。その際ICF支援シート（**図5-3**）を用いて次のような説明を行いました。

３．ICF支援シートによる説明

こんにちは。今日はワタル君のことについて皆さんにお話をします。

ワタル君はみんなと同じ小学五年生の男子，両親とお兄さんの４人家族。近くにおじいちゃん，おばあちゃんが住んでいます。この学校に入学したときから特別支援学級「あおぞら学級」で勉強しています。あおぞら学級の３人の中では一番上のお兄さんです。ブロックが大好きで，休み時間にブロック遊びができることを毎日楽しみにしています。交流学級は，ここ５年３組。皆さんがとても優しく受け入れてくれるので，朝の会や集会，行事などで一緒に過ごせる時間が増えてきましたね。11月には宿泊学習がありますが，ワタル君も参加したい気持ちがとても強いようで，「お泊まり行く？」と毎日のように先生に聞いてきます。

ワタル君はあおぞら学級では，国語は３年生の教科書の音読をしています。算数はとても得意で，皆さんが今年になって習った小数のかけ算やわり算は，去年のうちから完璧に計算することができていました。ただ皆さんのように，国語や算数を勉強するときに，１時間ずっと座っているのは難しいようで，15分位経つと姿勢が崩れてしまいます。休憩をこまめに入れながら，がんばって勉強を続けています。

ワタル君は小さい頃に病院で自閉症と診断されました。家族は皆，ワタル君に自閉症があることをよく理解して，ワタル君のためにがんばっています。

さて，ワタル君のように自閉症がある人の脳の働きには３つの大きな特徴があるといわれています。

１つめは，人とコミュニケーションをとることが苦手だということです。自分の気持ちを人に伝えることも，人の気持ちをうまく理解することも苦手です。ワタル君は，よく先生が言ったことを繰り返し言っていることがあるでしょう。あれはオウム返しと

ポイント

☆子どもたちに理解してもらうため環境因子から説明して，ワタルのことを知ってもらいました。

ポイント

☆個人因子や主観からワタルの気持ちを子どもたちに説明します。

ポイント

☆得意なことや苦手なことなど，活動の様子を環境因子と絡めて話しました。

ポイント

☆健康状態と心身機能について関連させて具体的に説明します。

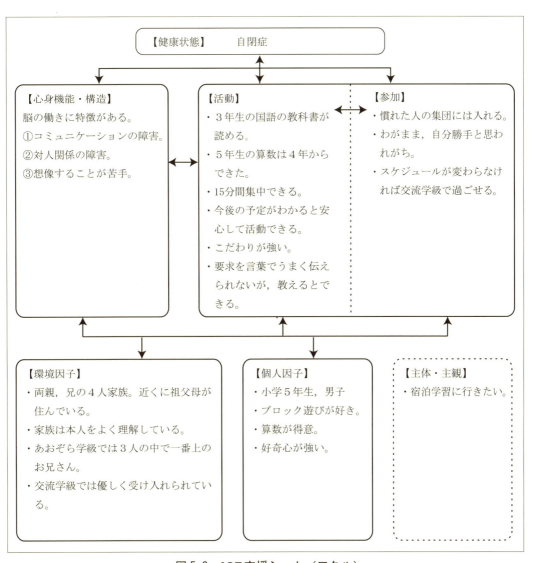

図5-3　ICF支援シート（ワタル）

言います。先生のまねをして楽しんでいるのではなく，言われたことの意味がわからないから不安になって繰り返しているんだと思ってください。いちいち言わなくてもわかってくれよ，と思うことってありますよね。でもワタル君はそれが一番苦手なんです。何か伝えたいときには，できるだけやさしく短い言葉で，できれば実際に目で見える形で伝えてください。ワタル君がオウム返しをしたら，それは「もっとわかりやすく教えてほしい」というサインだと思ってくださいね。

　2つめは，人は皆協力し合って生きているということの意味がよく理解できないということです。ルールやマナーの意味が分からないとか，良いことと悪いことの区別がつかないと言ってもいいでしょう。そのため，どうしても，わがままであるとか自分勝手であるとか周りの人には思われてしまいます。ワタル君は以前，隣の席のユミさんの製図用の消しゴムを勝手に持って行こうとしたことがありましたね。あれは，あの場面で「貸してください」と言葉でコミュニケーションをとることがわかっていなかったということもあるのですが，ワタル君は見たことのない物を見て，一体何だろうと思い，思わず手にしてしまったのです。何か興味をもつことがあると，どこにいようと，何をしていようと，その正体を明かそうと体が反応してしまうのですね。

　でも，人の物を勝手に持って行くのはダメですよね。だからあのとき先生は，人の物を勝手に手にすることを「それは×です」と叱って，その場にふさわしい方法をワタル君に教えました。つまり，ユミさんに「貸してください」と言うこと，そして，見終わったらすぐに「ありがとうございました」と言って，ユミさんに返すことです。そうしたらワタル君は割と呆気なく，言われたとおりにして消しゴムを返しましたね。自閉症の人であっても，してはいけないことをしてはダメなので，許されないことをしないですむように，望ましい方法をその都度教える必要があるんですね。

　3つめは，想像することが苦手だということです。自閉症の人は見えないこと，特に時間について想像することが非常に苦手です。たとえば今，先生がこうやっていろいろ話をしていますが，今は4時間目なので，どんなに長くなっても給食までにはこの話

ポイント

☆機能・構造の観点から本人の苦手さについて説明しました。「できない」ではなく「苦手」という視点を提供します。

ポイント

☆本人の行動（参加）の意味を心身機能の観点から説明しました。

ポイント

☆教師の指導は，ワタルの活動・参加に対する環境因子です。

は終わるだろう，とみんなは予想がつきますよね。でも自閉症の人は，その予想ができないんです。「先生はまだしゃべっている。いつ終わるの？これじゃ給食が食べられないよ。うわー！」となってしまうんです。みんな笑ってますが，考えてみてください。私たちには，昨日があって，その延長上に今日があって，そして今日と同じような明日があるだろうと当たり前のように思っていますよね。でも，明日は世界がまったく変わってしまうかもしれない。それどころか明日は来ないかもしれない，と思ったらこわいですよね。ちょっと極端ですが，自閉症の人はこれと同じような不安を常に感じているんです。その不安が限界に達すると「うわー！」っとパニックになってしまうんです。

　自閉症の人は，これからどうなるのか，が予想できなくて不安になってしまうので，今後の予定をできるだけ見やすい形で，詳しく伝えることができれば，その不安を減らしてあげることができます。ワタル君の教室には，今日の予定，今週の予定が書いてあります。今の活動がいつ終わるのか，そしてこれから何があるのかがわかっていれば，今を安心して過ごすことができるんです。

　決まったスケジュール通りにものごとが進んでいくことで安心が得られるということは，逆にスケジュールが急に変わってしまうと，どうしたらいいかわからずパニックを起こしてしまいます。ワタル君は以前，朝の会の最中に突然大声で「ジュース！ジュース！」と言って激しく泣き出したことがありましたね。先生もなぜ泣いているか分からず困ってしまったのですが，実はワタル君は毎朝教室の窓から外を見ていて，学校前の自動販売機で毎朝ジュースを買うおじさんが，あの日は買いに来なかったので，いつもと違うことに不安になってしまったということが後から分かったんです。

　いつも決まった通りになっていないと気が済まない，ということを「こだわり」と言い換えれば，ワタル君はこだわりが非常に強いということができます。学校に来る道順，ペンケースの中の鉛筆の位置，図書室の本が並んでいる順番などがいつも同じであるようにしているのも，このこだわりなんです。「ジュース」の件については，座席の場所を変えて外が見られないようにすることで落ち着くようになりましたが，ワタル君については，とにか

ポイント

☆ワタルの特性を心身機能から，児童自身の立場に置き換えて考えさせました。

ポイント

☆ワタルが「ジュース」と言って泣いたことは，ジュースがほしいのではなく，いつもと違う環境に原因があったのです。

ポイント

☆こだわりという活動・参加を，心身機能や不安であるという個人因子から説明します。

Ｖ　ＩＣＦ支援シートの活用例！

108　V　ICF支援シートの活用例！

くできるだけ予定を変えないこと，変える場合はできるだけ早い
うちに変わったことを伝えることが，本人の不安を減らすために
は大切なことなんです。

　さて，ここで皆さんには「障害」について考えてもらおうと
思います。ワタル君の「障害」って何でしょうか。「自閉症」と
思った人。それは違うんです。ワタル君には確かに自閉症があり
ますが，それはワタル君にあるさまざまな側面の一つです。この
図（図5-3）にあるように，ワタル君の体や脳の働き（機能・構
造），環境（環境因子），性格（個人因子），願い（主体・主観）な
どはそれぞれに関係しあっています。この「活動」や「参加」を
うまくさせなくしているものがもしあるとすれば，それこそが
「障害」なんです。ですから，私たちがワタル君と上手に関わる
ことで，ワタル君がもっと「活動」や「参加」をしやすくするこ
とができれば，ワタル君の「障害」を減らしてあげることができ
るんです。

　ワタル君は宿泊学習に行きたいと強く思っていますが，心配な
ことがいろいろあります。5年3組の皆さんは，ワタル君も一緒
にと思ってくれている，と担任の先生から聞きました。先生はと
てもうれしいです。ワタル君とどのように関われば，ワタル君の
「活動」や「参加」がしやすくなるのかを今日の先生の話を参考
に考えてみてください。よく話を聞いてくれてありがとう。

> **ポイント**
> ☆教師のはたらきかけ（環境因子）は，子どもの主体・主観に影響します。

> **ポイント**
> ☆疾病や心身機能が障害ではなく，活動・参加の困難さが障害であるというICFの障害のとらえ方です。

4．結果と考察

　交流学級の児童の支援を受けながら，ワタルはパニックを起こすこともなく，予想した以上に
スムーズに宿泊学習に参加することができました。なぜ宿泊学習がうまくいったのか，考えられ
るポイントを以下にいくつかあげます。

○本人の意欲

　お泊まりに行くという活動が，本人にとってとても魅力的なものであったため，高いモチベー
ションをもって参加することができました。外出を楽しむことができると，社会とのつながりも
生まれ，それが成長への良い足がかりとなったとも思われます。

○事前指導

　担任が事前に現地に行き，施設の全体を数百枚の写真に記録しました。事前指導では施設の地
図や見取り図を拡大印刷し，撮った写真を貼り付けながら，行く場所，行ってはいけない場所，

活動をする場所等の説明を行い，視覚的にイメージできるようにさせました。当日のスケジュールを，しおりを見ながらできるだけ細かく説明し，同時に前述の写真と地図とをリンクさせることも行いました。前日まで地図，写真を教室に掲示していましたが，本人は折に触れてこれらをよく見ていました。そのため，当日の移動時はほとんどの場合，目的の場所まで寄り道をせずに直接行くことができました。これは「行ってはいけない場所」を含め，写真と地図を使った丁寧な事前指導を行ったからだと考えます。

○フリータイムへの準備

各種活動の合間にはフリータイムが多く設定されているため，本人の好きな遊びであるブロックを持って行くことで，不安の軽減，情緒の安定を図りました。当日は，担任の指示する望ましい行動ができればブロック遊びができることにしていたので，本人の行動に自律が見られました。また「一人で活動する時間」を保証することができたことで，長い集団生活をメリハリをつけて最後まで参加することができたのだろうと思います。

○交流学級の児童の成長

今回の宿泊学習で目を見張るのが，交流学級の児童たちのワタルに対する具体的な対応が上手になったことです。彼らはすでに自閉症についての説明を受け，「ワタルと関わりたい」と積極的な関心をもっていたこともあって，今回の3日間で，特別支援学級担任のワタルへの接し方（何がよくて何がダメだということをどんな言葉でどのように伝えているか）を間近で観察し，それを積極的にまねする姿が見られました。これはワタルにとっては過ごしやすい環境が整ってきたといえるのはもちろんですが，周りの児童たちの成長にとってもかけがえのない特別支援教育の成果になったであろうと思われます。

○交流学級の担任の意識の変化

交流学級の担任からは，ワタルを受け入れた立場から今回の経験を通して教師としての意識に次のような変化があったことが，特別支援学級担任との話し合いの中で出されました。

「不適切な行動がなぜ起こるのかが理解できるようになったので，あれもできない，これもできないと思うことがなくなった。障害名のついた障害があることが問題ではないことがよくわかった。」

「脳の機能上の問題が原因となっているものについては，そこを何とかしようとするのではなく，環境を変えることで対応できることがわかった。」

「どんな子でも成長することを目の当たりにし，今はできなくても…と信じて待てるようになった。」

110　V　ICF支援シートの活用例！

事例3

すぐに暴力を振るう子どもの理解
－校内委員会での活用－

　シンジ（仮名）は小学校入学時より毎日のようにクラス内でトラブルを起こし，教師が解決を図ろうとしても自分の非を絶対に認めないため，指導に手を焼く児童でした。トラブルは日ごとにエスカレートし，すぐに暴力を振るうようになり，担任の指示がまったくといっていいほど入らない状態になりました。2年生の2学期に他の児童にけがを負わせたことを機に，校内委員会で今後の対応について検討を行いました。校内委員会において特別支援教育コーディネーター（以下，コーディネーター）が，ICF支援シートを用いてシンジの実態把握を行ったことで，シンジの行動の理解についての認識を改めるきっかけになりました。

ポイント
☆担任が問題を一人で抱え込まないように，全校体制で行うことが大切です。

1．シンジの行動，家庭環境

- 小学校2年生，男子，通常の学級在籍。母子家庭。
- クラスの友人に何かと言いがかりをつけ，怒らせる。相手が怒るとそれを理由に殴る，蹴る等の暴力を振るう。
- 汚い言葉（「てめえ，ぶっ殺すぞ」等）で周りを威圧する。大人に対しても「うるせえ，くそばばあ」などの暴言を吐く。
- 教師からの注意・指導には聞こえないふり・無視をする。
- 母親は学校に対して非協力的。シンジの暴力については，「きちんとしつけているので家では問題ない。学校のトラブルは学校の問題。（悪口を言った）相手の子の方が悪い。」などと言って取り合わない。

ポイント
☆家庭環境が子どもの態度や成長に大きく影響しているという視点は必要です。

2．トラブルの内容

　9月上旬，清掃の時間に校庭の石拾いを指示されていたが，シンジがふざけて取り組もうとしないため，同じクラスの児童（カイ）が「シンジ，ちゃんと拾えよ」とからかった。するとシンジは「拾ってるよ，このクソ。おまえこそ拾ってねえだろう」と言

い返す。その後同様の言い合いが続いた後，カイが「先生に言ってくる」とその場を離れようとすると，かっとしたシンジが手にしていた石を投げつけた。石はカイの頭に当たり，出血し，２針縫うけがを負わせた。学校から連絡を受けたシンジの母親は，シンジとともにカイの家に謝罪に行った際，カイの親の前でシンジを素手で張り倒し，「これで許してください」と言ったという。

３．校内委員会での話題

前記の問題を受けて９月中旬に開催した校内委員会では，参加していた教員から，本人や保護者の責任を追及し，「理解できない」「好きになれない」など，以下のような拒否的な意見が次々と出されました。

- ・乱暴者なので関わりたくない。
- ・親が悪いのでしかたがない。
- ・親の生活態度が悪い。
- ・親が厳しくしつけなければならない。学校ではもう無理。
- ・２年生の今ならまだ間に合う。厳しい指導が効く。
- ・行動が理解を超えている。
- ・担任が出張のときに補教に行くのは嫌だ。
- ・トラブルメーカーで手に負えない。
- ・問題行動を起こしたら厳しく叱り，力で押さえるしかない。
- ・厳しい男性の先生の言うことはきくので，そういう先生に指導をお願いしたい。
- ・周りの子を扇動するので困る。
- ・周りの子に対して悪影響が大きい。

シンジの問題行動が理解できないという困り感が先生たちの思考を硬直させ，校内委員会が進展していませんでした。そこで，コーディネーターはシンジの行動についての理解を促進するために，ICF支援シートを作成しながら，シンジの問題行動の背景について，次のようにとらえることができないだろうかと提案しました。

- ・保護者から体罰を多く受けて育ったため，他人との関わり方についての誤学習が問題行動を引き起こしている原因になっているのでは。

ポイント

☆困っていることに心を奪われると思考が排他的な方向に働いてしまうことがあります。子どもの側に立ち，問題の原因がどこにあるのかを探らないと，建設的な話し合いにはなりません。

ポイント

☆以下のさまざまな視点からシンジの問題行動を考えるきっかけを提供しました。

- ・「誤学習」の視点
- ・シンジのもつ特徴が問題を起こさせているという視点

Ｖ ICF支援シートの活用例！

112   V   ICF支援シートの活用例！

・「育ち」だけでなく，シンジ本人にADHDなどの先天的な「発達障害」があり，生きにくい思いをしているのかもしれない。

・学習や運動の場面で目立つ（力を発揮する）ことができず，乱暴な行動をすることで自分の力を誇示しようとしているのでは。

・担任の先生が好きであり，先生の気を引きたいという願望がいわゆる「注目行動」として強く表れているのではないか。

・本人を取り巻く子たちの反応が，本人の問題行動を強化している可能性があるのかもしれない。

・注目行動の視点
・環境が悪化させている視点

以上，シンジの実態・背景をとらえる際には，彼の家庭環境，誤学習，注目行動がポイントになるであろうと提案しました。しかし，コーディネーターのこの話に対して，出席していた教師から，彼の実態，問題行動の背景は理解できるとしたものの，「これらの情報は実際に起きている問題行動をやめさせるために何らかの示唆を与えるものではない」「具体的にどうしたらよいのかを教えてほしい」と言って，「理解」よりも「具体的な方策」を求めました。

そこでコーディネーターは，シンジには「認められたい」という思いが強くあるにも関わらず，実際には認められていない現状があることをとらえ，「『望ましい行動をとると認められる』機会を今後意図的に多く作ってみてはどうだろうか」と提案しました。

しかし，「現状では本人に望ましい行動が発現することは望めない」「本人が言うことを聞いてくれないのにどうしたらいいのか」等の意見が出て，会議がまた行き詰まってしまいました。

シンジに対する否定的な思いが強い先生方を前に，コーディネーターは，先生たちがイメージする「普通の小学2年生」と，目の前の「シンジ」とを切り離して考える必要性を感じました。

そこで「これができて当たり前」という考えをいったん捨てて，「本人の『今』を考えたときに，たとえば『くそばばあ』といつもなら言っていた場面で，もし言わなかったとしたら，それは本人にとってほめられるに値する行動になるのではないか」と提案しました。先生たちは当初，「そんな低いレベルでいいのか」「そ

ポイント

☆問題行動を起こす児童に対して感情的になり，注意が優先されることがよくあります。また「〇年生なら，できて当たり前」と思っていることに縛られていませんか。

ポイント

☆応用行動分析の視点（ターゲットとなる行動が発現しない時間があることに注目）から行動を考えます。

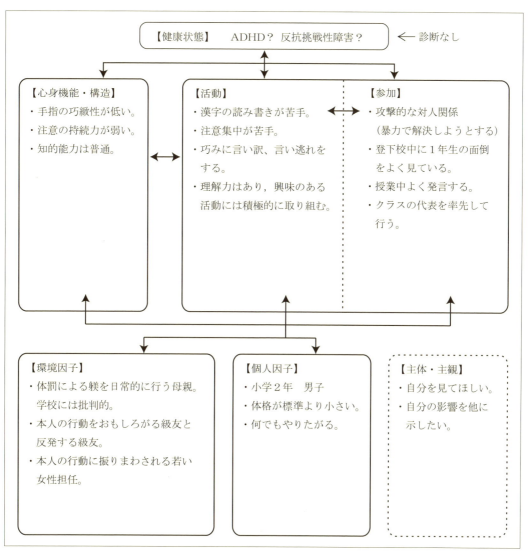

図 5-4　ICF 支援シート（シンジ）

114　Ⅴ　ICF支援シートの活用例！

んな当たり前のことでほめていいのか」という雰囲気になりましたが，最終的に校長先生の「それが今の彼の実態にふさわしい目標ととらえるしかないでしょう」という意見で，とりあえず参加者全員の合意を得ました。

4．指導の実際とその後

　シンジに対して，自他の安全を脅かす行動については毅然とした態度で指導する一方，問題行動が現れなかった時間があったことを認められる（ほめられる）経験をできるだけ多くさせることで，問題行動の軽減を図ることにしました。

　まず担任は，シンジの「望ましくない行動」には，危険な行動でない限りできるだけ反応しない。その代わり，「望ましい行動」が発現したらすかさずほめることを行いました。

　たとえば，授業中，挙手は無言で行うというルールを守れたら，すぐに指名されほめてもらえるという経験をさせる（逆に「ハイハイ」と大声で挙手している間は無視される）ことや担任に対していたわる言葉をかけると非常に喜ばれる（逆に担任をからかっても何の反応も返ってこない）ことを経験させました。

　また，児童指導担当教員，管理職は毎日シンジにできるだけ会いに行き，「今日はこれまで，くそばばあと言っていない，誰も殴っていない」ことを確認し，その都度ほめることを行いました。廊下では，通りすがりのその他の先生も「今日は約束守れてる？えらいね。」などプラスの声かけを行うよう心がけました。

　さらに，シンジと話をした教職員は，できるだけその日のうちに担任にシンジの様子を伝え，担任からもう一度「○○先生がほめていたよ」とほめられるように心がけました。

　この対応の効果はすぐに表れ，1か月半後の11月にはシンジへの対応で授業が進まなくなることはなくなりました。担任は後日，「『やめなさい』『そんなことを言う子は嫌いです』と言うより，『相手にしない』ことの方がずっと効き目があるということが分かりました」と述懐していました。

　12月になり，学校生活に多少の落ち着きが見られるようになったシンジは，担任に対しての暴言や，クラスの他の児童への怪我をさせるような暴力はなくなりました。しかし，子ども同士のト

ポイント

☆望ましい行動はすぐにほめましょう。どのくらいがまんできるか最初から試すのはやめましょう。

ラブルは毎日のようにあり，他の児童からの苦情に担任が対応し
なければならない状況には，あまり変化が見られませんでした。

　こうした状況を踏まえて，コーディネーターは1月に校内委員
会を開催し，もう一度シンジへの支援について検討することにし
ました。

　前回の校内委員会の後，シンジに関わった先生たちは，この数
か月でシンジの行動が目に見えて変化していることを肌で感じて
おり，そのためか，今回はシンジに対する否定的な意見で会議の
流れが止まってしまうことはありませんでした。

　本会議で話題になったことは，かっとなりやすいシンジをそそ
のかす児童が，カイをはじめ数名おり，その子どもたちの言動が，
シンジを暴れさせる原因にもなっていること，また，何かトラブ
ルがあると，それらをすべてシンジのせいにしてしまう雰囲気が
クラス内にあることがシンジの問題行動を引き起こしやすくさせ
ているのではないかということでした。

　コーディネーターは前回の会議でもこの点は指摘していました
が，その際はまったく関心がもたれませんでした。しかし，シン
ジに寄り添った理解が進むにつれて，先生たちの中に行動の意味
をより広い視点から理解しようとする動きが生まれてきたのです。

　そこで担任は，カイらに対して，「シンジとのトラブルを発生
させない，もしくは大きくなる前に解決するための手立てについ
て一緒に考えよう」と問いかけ，シンジを興奮させるのではなく，
心理的に安定させるような行動ができるように仕向けました。具
体的には，「シンジの行動について注意する際，何度もしつこく
言わずに先生に相談する。『ダメだよ』と責めるのではなく，『自
分は困っている』と伝える。シンジが挑発してきても相手にしな
い」ことなどを教え，実行させました。

　また，それと同時に，自分の一年間の成長を振り返る授業の中
で，自分だけではなくクラスの友だちの成長を認める活動を行い，
その中で意図的にシンジの成長を皆が意識できるような言葉か
けを行いました。「あの（暴れ者の）シンジが，毎日は暴れなく
なった。」「係の仕事を一生懸命やっていた。」「自分が転んだとき
に『大丈夫？』と優しい声をかけてくれた。」などの意見が出て，
クラスの中でシンジをこれまでとは違ったプラスのイメージでと

ポイント

☆本人を変えさせよう
とするよりも，周りが
変わることで，問題が
解決していくことがよ
くあります。

Ⅴ　ICF支援シート
の活用例！

116　　V　ICF支援シートの活用例！

らえなおすことができるきっかけとなりました。

　この後，シンジの行動に劇的な変化はありませんでしたが，それでも2年生が終わるまでは，担任に寄せられるシンジについての苦情が徐々に減ってきました。

　3年生になる際のクラス替えでは，シンジのクラスには挑発に乗らない児童が多くなるよう組み分けをし，ベテランの男性教員が担任になりました。本人の言動にはこれまでに比べ大きな変化は見られませんでしたが，周りが反応しなくなったため，トラブル自体が発生しにくくなりました。

ポイント

☆クラス替えも大きな環境調整のチャンスです。

5．考察

　常に教員による厳しい視線が向けられているシンジと，対応に困っていた担任を目の当たりにし，コーディネーターは「シンジを先生方が肯定的に理解する」ことの必要性を感じました。シンジやシンジの親を「悪者」として，「だから仕方がない」とすることでしか状況を整理できないという状態でしたので，第1回目の校内委員会は，話しがなかなか進まなかったのです。

　子どもの問題行動に対して，一般的に教師らは安易に解決のための手立てだけを求めがちな傾向がありますが，まずは子どもの行動の意味や背景を理解することが必要であり，その話し合いが求められます。

　本事例においては，ICF支援シートを作ることによって見えてきた「注目行動」に視点を当て，たとえば頭ごなしに叱るといった負の強化が，問題行動をさらに悪化させている悪循環があるかもしれないという考えに至るのに時間がかかりました。

　そして，シンジの問題を，いわゆる「児童（生徒）指導上の問題」として認識している教員も多かったのですが，シンジには発達障害があるかもしれないといった情報をICF支援シートで伝えることで，教師たちはシンジをより広い視点からとらえることができるようになったと思われます。

　シンジに対する具体的な手立てとして，『くそばばあ』と言わなかったことに正の強化を与える」ということにためらいを感じる教員もある程度いたことは，「シンジを肯定的に理解する」ことがまだ十分にはできていなかったことの現れといえるかもしれませんが，それでも実際に効果があることがわかると，それまでの懐疑的な雰囲気はなくなり，一気に校内の協力態勢が整いました。

　同様の変化がシンジのクラス内にも起きたことが，本事例においては特筆すべきことと思われます。つまり，教師たちがシンジを理解することで，シンジに合わせた対応を周りの児童がするようになりました。これが環境因子（促進因子）として働き，シンジの問題行動の発生が抑制されたということです。

年度末の校内委員会で，シンジのICF支援シートを改めて見直したとき，何人かの先生が「ああ，なるほど。今ならこの意味が理解できる」と言っていました。これは，子どもの見方が変わり，対応方法が有効であったことを感じていた先生方が，ICF支援シートを見て，シンジの心身機能と活動・参加の相互関係や，自分たちのやってきたこと（環境因子）がシンジの活動・参加に影響を及ぼしたという相互作用，つまりICFの考え方を実践を通して理解・再認識することができたのだと思います。

　シンジに望ましい変化が見られたことは，シンジの対応に悩みながらも全員体制で教師たちがシンジの指導にあたってきて得られた成果であり，また，私たち教員にとってもよい学びの機会になったといえます。

事例4 アスペルガー症候群の中学生の理解と指導

　アキラ（仮名）は，中学に入学直後から友だちとトラブルを起こすことが頻繁になったため，学校から教育委員会の発達相談員に相談依頼を行いました。主訴としては，集団内で対人関係がうまくつくれないことです。彼は挑発的な言葉をよく言うため，友だちからはよく思われておらず，友だちとの関係がうまくいっていませんでした。そして，物を隠される，殴られるなどいじめの対象となっていますが，トラブルのたびに相手を言葉で挑発し，逃げて教師の後ろに隠れるという行動をとることが多くあります。また，人のことには口を出しますが，自分の身の回りのこと（プリントの整理や歯磨きなど）もできず，忘れ物も多い生徒です。教師たちは，この生徒のことをどのように理解したらいいかわからず，発達相談員からICF支援シートを用いて説明を受けたことで納得でき，指導の一貫性がとれるようになりました。

ポイント
☆学校内で対応が難しい場合は，外部機関を活用しましょう。

1．アキラの生育歴・家族環境

　小学校入学以来，友だちとのトラブルが多く，要配慮児として担任等が指導してきました。友だちに対して乱暴な言葉遣いをしてケンカになる，人の持ち物を黙って使う，衝動的に話を始めるなどの行動が多く，トラブルになることがたびたびありました。特に相性が悪かったのが，タカシ（仮名）です。タカシはアキラのことが嫌いで，アキラがおかしなことを言うとすぐに「ばか」とか「うざいんだよ」とか言い，すぐに争いになりました。保護者とも話し合いをしてきましたが，アキラの父親は教師や学校の対応を問題視し，子どもの特性についてはまったく認めようとはしません。父親は，「悪いことをすれば，たたいてでも指導しなきゃいけない」と言い，家庭でも子どもに対して恫喝的ですぐに手が出ることがあるみたいでした。母親は，父親の言いなりになることが多く，どうしていいか困っている様子でした。兄弟はお

ポイント
☆成育歴や家庭での対応などから，器質的な特性なのか，誤学習による行動なのかを考えます。

らず，一人っ子です。祖父母も同居していますが，中学進学が間近かになった6年生の3学期に，発達相談員が専門医への受診を勧め，母親はようやくその気になり，4月下旬に予約を入れました。しかし入学後，保護者は「問題がなくなった」との理由で診察しない旨を小学校に連絡し，キャンセルとなりました。

ポイント

☆保護者の困り感に寄り添いながら，解決の道を探ります。

2．中学校入学後の問題

中学入学後のトラブルの一部を，簡単に振り返ってみます。

4月×日　アキラの自転車が画びょうでパンクさせられる。

4月×日　アキラが登校すると，上履きが別なところに置かれていた。パンクのことも含め，学級の生徒に作文を書かせるとともに，アキラと面談をし，その後同じ小学校出身のタカシたちと面談をした。アキラは，小学校からいじめられていたと言う。タカシたちは，アキラに原因があると主張。夜，アキラの家庭に電話をすると，父親は「こんな状態が続くと転校させる」とのこと。

5月×日　放課後タカシにハサミを突きつけられ，「お前なんかこれでぶすっとやってやるぞ」と脅かされた（翌朝，アキラの母親から電話あり）。翌日，タカシに対して指導。ほかの生徒からも話を聞くと，美術の時間にアキラも含め数名が集まり，「どうしたらよくクラスになるか」という話をしていたところ，アキラは「こんなのは集団いじめだ。てめーら，さっさと絵を描け。」とその話を打ち切ったとのこと。これでタカシは「せっかくアキラも含めて仲の良いクラスにするために話をしているのに。」と腹を立て，昨日の放課後の事件につながったようだ。担任は，タカシたちに「脅したりしてもアキラの行為は決して良くならない。一つひとつ話す必要がある。治させようとしても治らないかもしれない。」と説明した。その後，2人の家庭にも電話で状況を説明。

5月×日　給食の片づけの際，アキラの皿がマサシの服についたため，マサシが謝れと怒ると，アキラは顔を背けたまま謝った。マサシはアキラの胸をつかみ「ちゃんと謝れ」と言うと，アキラは「そのくらい洗えば落ちるじゃん」と反抗。怒ったマサシはアキラを引き倒し，喧嘩になる。タカシが介入し，アキラに謝ら

ポイント

☆子どもたちは，発達障害のある生徒のことをどう理解していいかわからず，乱暴な態度に出たりします。

Ⅴ　ICF支援シートの活用例！

せようとすると，アキラはタカシの足を蹴った。怒ったタカシは，アキラの顔に蹴りを入れた。そのとき，周りの生徒が止めに入って収まった。担任は，3人が落ちついたあと，それぞれの言い分を聞き，アキラには「相手の目を見て謝るように」，タカシには「どんなことがあっても手を出さない」，マサシには「アキラの良いところと特徴」について話し，注意をした。

　6月×日　給食時にタカシと友だちがアキラをからかう。アキラは頭にきて，牛乳をかける真似をした。それを見たミサキ（女子）が「やめろよ」と鉛筆をアキラに投げたら当たってしまった。アキラはミサキの嫌がるあだ名を言って馬鹿にしたところ，ミサキも怒ってアキラの顔をひっぱたいた。ここで担任が止めるが，その後担任不在になったとき，アキラはお玉でミサキの頭をコブができるほど強くたたいて大喧嘩。周りが止める。放課後，アキラの家庭に電話をすると，父親が出て「またタカシか。あの野郎，少年院送りにするぞ」と興奮する。その後，母親から謝りの電話があるが，母親も被害者意識が強い。

　6月×日　アキラが小学生のころから発達相談を行っていた発達相談員（臨床心理士）に，観察をしてもらうとともに相談を行った。その所見としては，アスペルガー障害の疑いがあること，本生徒が思ったことや考えたことを内面で客観的に把握するメタ認知機能が脆弱であり，相手や場面を考えずに粗野な言葉を発していると考えられること，ソーシャルスキル・対人スキルのセラピーが有効的であるとのことであった。この発達相談員から，別な発達相談員に観察・コンサルテーションをしてもらうことが提案され，教育委員会を通して手続きを行うこととした。

　6月×日　連日，クラスの男子とトラブルがあるため，アキラの母親に学校に来てもらい話し合いを行った。母親には問題を共有し，どちらが悪いとかの裁定をする場でないことを最初に伝えた。母親は，「年齢が違った人とはうまく遊べる。言葉遣いは，丁寧なところがある。会話は，間の取り方が下手である。場の雰囲気が読めず，同じ話にこだわり，周りを見ないことがある。それらがいじめられる原因となっているかもしれない。父親は学級経営の問題だと言っている。タカシとは小5のときから折り合いが悪い。6年はクラスが別になり特にトラブルはなかった。」と

ポイント

☆相手の目を見るのが苦手なのが，ASDの子どもです。苦手なことを言葉だけで注意しても，よく理解できません。

ポイント

☆幼少時から，トラブルについて幼稚園や学校からたびたび報告があると，保護者は「うちの子どもだけが悪いわけではない」という思いが強くなります。

ポイント

☆電話より，直接話し合うことは重要です。しかし，どちらが悪いかを決める場ではないとはいっても，呼ばれた保護者は構えてしまいます。

121

言う。「うちの子どもにも悪いところはあるかもしれないが」とは言うものの，問題の原因を周囲の方に求め，いじめととらえているようだ。

　６月１×日　放課後，廊下でアキラが，マサタカとフミヤからパンチ・首絞め・蹴りなどの暴力を受ける。アキラは手出しをしないが，「お前のパンチなんか，糞だ」など挑発の言葉を言う。別なクラスの先生が止めに入る。原因は，体育のときにアキラが２人に対してあだ名や挑発的なことを言ったことのようだった。３人に対して指導をする。アキラには「どんなことがあっても言葉で返さない」ことを注意する。

　このようにほぼ毎日，そして一日に何回もアキラが関与するトラブルがあり，担任としてもどう指導・対応していいか，わからない状態が続きました。担任としては，その時点でアキラの問題を次のように考えていました。

・小さい頃から親の過干渉の中で育ってきたのかもしれない。
・挑発して都合が悪いと，親や教師の後ろに隠れる。
・身の回りのことが十分にできない（忘れ物，プリントの整理，歯磨きなど）。
・周囲の状況を判断できず，すぐに言いつける。
・自分を優しく包んでくれそうな集団では，それなりにやっていける（ようだ）。
・これまで友だちとのトラブルは，親が相手の親と話し合って処理してきた。暴力を振るう相手が悪ととらえている（親のバックがあるから安心感？）。

ポイント

☆担任の先生は，成育歴，活動・参加の状況から問題を考えていますが，器質的な障害や環境面について十分に考慮されていません。

3．発達相談員のコンサルテーションとICF支援シート

　６月×日に別な発達相談員が来校し，授業を見てもらい，その後コンサルテーションを行いました。発達相談員が授業観察をしていても，アキラは普段と変わらず，周りの友だちとトラブルを起こし続けます。理科の授業では，実験器具をめぐっていざこざがたびたびありました。アキラが友だちに近寄ると，「顔，近づけんじゃねェ。きたねえな。」と言われ，アキラは「馬鹿」と言い返します。アキラは，消しゴムのかすをわざと隣の女生徒の

ポイント

☆このエピソードからも，学級の中でアキラがどう扱われているか理解できます。学級集

V　ICF支援シートの活用例！

122　V　ICF支援シートの活用例！

前に払いのけます。彼女が払いのけてもアキラが何度もするので，彼女は「いい加減にして」とアキラの手をたたき，前の水道で手を洗うと，すかさずアキラは「先生，水で遊んでます。」と言いつけるなど，ずっといざこざを起こしている1時間でした。別な授業も観察してもらった後，校長室でコンサルテーションを行いました。担任からは，これまでのトラブルの状況やアキラの作文（タカシからいじめられたこと綿々と綴ってある）を見せて説明をしました。また校長先生からは，本人はいじめととらえているが原因はアキラにあり，周りの友だちが殴るのも理解できる旨の発言がありました。

　発達相談員からの所見・アドバイスは，次のようなものでした。
　「対人関係の障害，こだわりなどの行動特性から自閉症スペクトラム障害（アスペルガー障害）が非常に強く疑われる。また，衝動性・多動性もあり，ADHDを併せもっていると思われる。忘れ物が多いこともADHDの特徴である。育てられ方も影響しているかもしれないが，器質的な障害からくる行動特性ととらえられる。一方で，保護者の『我が子がいじめられている』という考えは，否定できない。現象的に考えて，クラス内でいじめの構図ができている。本人が問題を起こすきっかけをつくっているといえるが，いじめの状態であることを学校として認識してほしい。」

　そして，アキラの簡単なICF支援シート（**図5-5**は，後で作成したもの）をその場で記入しながらアキラの行動をどのように理解するか，以下のような説明を行ってくれました。

　「友だちの話にすぐ口を出したり，自分勝手な行動をしたりするのは，衝動性と関連していると考えられる。また挑発して教師の後ろに隠れる行為は，いつも教師が仲裁に入っていることを当てにしての行動（誤学習）ではないか。いつも教師がそばにいるという対応は考え直してもいいと思われる。何よりも必要なことは，学級の生徒に対する指導である。アキラにもいいところがあるだろうといっても，全員が否定している。まずは，アキラのいない場面で，アキラの特性を説明し，アキラへの望ましい対応を考えさせる機会をつくってもよいだろう。つまり，これまでアキラの良くない行動に反応することが，悪循環を起こしていること

団自体を変容していく必要があります。

ポイント

☆原因はアキラにあっても，アキラがいじめられているのは事実です。アキラだけの問題ではありません。

ポイント

☆行動は，心身機能との関係性で考えることが大切です。また，行動は学習によるものでもあるので，応用行動分析の見方も必要です。

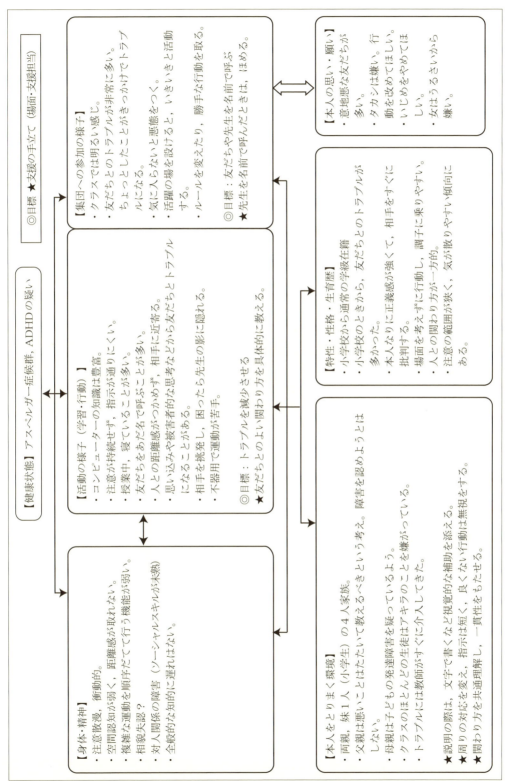

図 5-5　ICF支援シート（アキラ）

124　Ｖ　ICF支援シートの活用例！

に気づかせる。良くない行動には，無視あるいは『今は関係あり
ません』『やめてください』とだけ言うなどの対応が望ましいと
考えられる」等々でした。

　また，発達相談員は，アキラが女子の胸をよく見ることがある
ため嫌われているという担任の話を聞き，「アキラは女生徒を名
前で呼ぶことがありますか？いや，名前と顔が一致しています
か？」とたずねられ，担任は少し驚きました。でも考えてみると，
男子生徒には名前やあだ名で呼びかけますが，女子生徒には「お
い，おんな」とか，胸の名札を見ながら，たとえば文香だと「ぶ
んか」など音読みで呼んだりしています。発達相談員から相貌失
認の可能性を言われたとき，なんとなく納得できました。

　また，環境因子である父母との関係では，教師の影に隠れるの
と同様に，父親を当てにした行動と思われる行為がまま見られ，
これは生育歴上の誤学習だと考えられるが，保護者に対してはア
キラの障害と向き合うためにこれまでと同様に専門医への受診は
勧めるほうがよいとの指摘がありました。クラスの生徒たちの行
動が，アキラの良くない行動を引き起こし，悪循環になっている
ことが理解できました。

ポイント

☆ASDの子どもには，顔の認識が難しく，名前となかなか一致しない子どもがいます。

ポイント

☆環境因子は，本人の行動に大きく影響します。親，友だちなど本にかかわる人たちの態度や言動を考慮すべきです。

4．その後の指導

　これまで学級活動で，「クラスをよくするために」などをテー
マとして話し合うことがあり，その際具体的にアキラの行動が問
題になったこともありました。そこでアキラと保護者に学級活動
にてアキラの特性について説明していいかという事前の相談をし，
了解をとって学級活動にて話し合うこととしました。アキラの特
性として，「思ったらぱっと行動したくなること，自分が友だち
のことをあだ名で呼ぶことには悪気はないが，自分が馬鹿にされ
るとカッとして手が出たり，悪態をついたりする傾向にあること，
命令的な口調は嫌なこと」などを説明しました。アキラ自身もそ
れを聞きながら，「そうなんだよな」とか「わかる？」と合いの
手を入れてきました。「相手をたたいたり，蹴ったりなどの行為
は，絶対に許せない行動であり，加害者になると自分自身にとっ
て大きなマイナスになるため，このクラスではなくしてほしい」
と担任は訴えました。そして，アキラが良くない行動をしたとき

ポイント

☆クラスで当事者のことを話す場合は，保護者・本人の了解が必要です。学年やクラスの状況を考慮して，本人がその場にいるか・いないかも考えます。

Ｖ　ICF支援シートの活用例！

には，その行為を批判するのではなく，無視をするとか簡単な対応をしてほしいことを伝えました。話し合いの中で，生徒からもこれまでの自分たちの対応が悪かったのではないかという意見も出され，今後のアキラとの関わりの方向性についてある程度共通意識がもつことができ，話し合いの成果がありました。

　もちろん，その後もトラブルはすぐになくなったわけではありません。アキラ自身はそれまでとあまり変わりませんでしたが，周囲の生徒が対応を変えたことによってトラブルは徐々に減少していきました。また，教師自身もその場でいくら注意をしても効果がないことに納得し，できるだけ注意を減らすとともに，図示して説明するなど注意の仕方を変えていきました。対応が変わったことにより，アキラのしつこい言葉かけは短くなっていきました。ある意味で，アキラと他の生徒との関わりは減少し，仲間はずれ的な面も一部ありましたが，アキラは気の合う一部の生徒とは関わりをもっていましたので，本人としては問題視していなかったようです。生徒たちは中学生として，それぞれが自我形成をしていく中で，アキラのことも客観視して見ることができるようになっていったと考えられます。

126　　V　ICF支援シートの活用例！

事例5

不適応行動のある生徒の
実態把握と指導

1．対象生徒の実態・状況

　サキ（仮名）は，知的障害特別支援学級に在籍する中学2年生女子です。「昨日，先生に叱られたから学校へ行きたくない」とか「頭が痛いから」など何かと休みの口実にし，欠席と遅刻が非常に多い生徒です。学校では，不適切な言葉や態度で人を引きつけようとしたり，粗野な言動も多く友だちとのトラブルが非常に多かったり，気分にムラがあって清掃活動や係活動は機嫌がよいときは積極的に取り組むが長く続かずその場から逃げだしたりするような状態でした。特別支援学級担任のほか，自閉症・情緒障害特別支援学級担任，支援員などが指導に当たっていましたが，教員に対しても挑発的な言動があるため，誰もがサキを「指導が難しい生徒」「扱いにくい生徒」ととらえていました。

　保護者は，入学当初からサキが登校渋りをしたことで，事あるごとに学校批判を繰り返しました。母親も自分にとって思うようにならない子どもを目の前にして困っていると思われたため，担任は教育相談を行いました。何度か話し合いをする中で，母親がサキの障害を受容できておらず，どのように接したらいいか理解できていない様子でしたので，大学病院の小児科の受診を勧めました。

ポイント

☆素直でない子どもの場合，どうしても「指導しにくい」「かわいげがない」ととらえがちです。本人や家庭のせいにしていませんか。

2．ICF支援シートの作成

　母親のサキに対する拒絶感，生徒たちからの疎外等の現状があり，このままではサキが孤立し，学校もサキにとって安心できる場ではなくなってしまうことが危惧されました。また，指導に当たる教師たち自身がどのように指導したらいいか悩み，サキが欠席するとむしろホッとするような状態になっていました。そこで，サキの事例を大学の事例研究会において発表し，ICF支援シートの作成を通して全体像をとらえることを試みました（**図5-6**）。

ポイント

☆教師の困り感から，指導のあり方を考え直すことは，前向きな姿勢です。子どものせいにしないで，指導そのものを見直しましょう。

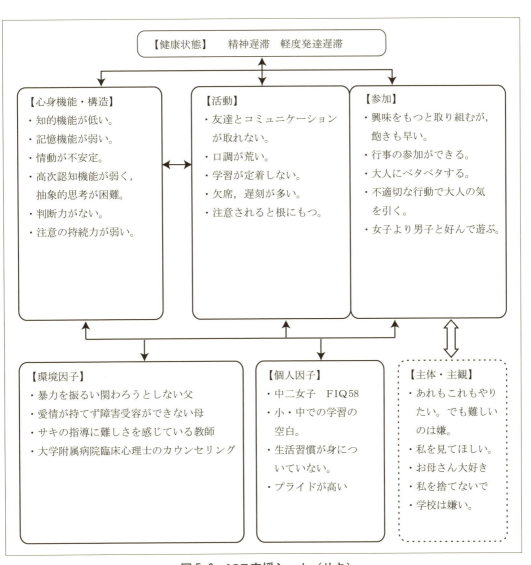

図 5-6 ICF 支援シート（サキ）

128　Ｖ　ICF支援シートの活用例！

3．ICF支援シートからの分析

　サキのICF支援シートを作成しながら話し合いの中から出された意見や指摘は，次のようなことでした。

　活動・参加の面においては，サキは知的発達の遅れだけでなく，小学校から欠席や遅刻が多いため学習空白もあり，基礎学力や基本的生活習慣が定着していない。だからサキはできないことが多いが，友だちの前でまちがいを指摘されることを極端に嫌がるという様子から，サキのプライドの高さが感じられる。サキの思い・主観を大切にしたほうがよいのではないか。

　環境因子という観点からは，父親は言葉で反発するサキに対し力で押さえつけるといった虐待ともいえる暴力行為があり，母親は子どもに対して愛情をうまく示していないことから考えると，サキが必要以上に母親や大人にベタベタするのは大人の愛情に飢えていることの現れであり，愛着形成ができていないのではないか。また，不適切な行動で人の関心を引き寄せる行動は，自分に興味を示してほしいというサイン・注目行動であろう。教師自身が，サキを可愛げのない生徒・扱いにくい生徒と自覚していることを認めたほうがいい。誰もがそのようにとらえるサキの言動の背景にあることを考え，これからの指導方針を立てるべきではないか。

　個人因子という観点からは，サキは手先が器用であり，興味をもつと素早く取り組めるが，飽きも早いことに対しては，これまで達成感や充実感を体得した経験が薄いのではないか。また，善悪の判断がつかず，自分が人に行った悪い行動は謝ろうとしないが，人にやられたことは根にもち相手を責め続けるという自己中心的な態度は，これまで自分自身が認められる経験が少なかったことが影響しているのかもしれない。食事マナー等のしつけがされていないことも，家族で穏やかに食事をするという経験の乏しさが反映されているのだろう。

4．指導・支援の方針

　この研究会での話し合いの結果，担任はこれまでサキを「困った子ども」というとらえ方をしていましたが，さまざまな要因に

ポイント

☆支援シートを作成したことから，サキの行動の意味や背景が見いだされました。また，支援シートが事例検討において有効なツールとなり，さまざまな見方や意見が出たケース会議でした。

ポイント

☆ICFの各構成要素の視点から相互作用を検討することにより，その行動が形成された背景やその行動によって本人が無意識に訴えている意味を推測することができます。また，本人の得意とする活動や参加の状態から，指導の手がかりを探ることができます。

よって「困っている子ども」として見ることの大切さが気づき，母親からも時には疎んじられ，母親と離れることが不安であるサキにとって安心できる場がなく，学校においても注意ばかりしていたことを反省しました。サキの見方を変えることにより，教師自身の対応を振り返ることができたのです。

これまでの対応を反省し，これからは「大人との信頼関係をつくり出し，学校を安心できる居場所にする」ことをサキへの指導・支援の方針としました。具体的には，①担任がサキの思いに寄り添いながら，正面から向き合う，②母親の困り感に寄り添い，母親の心の安定を図る，③学習では課題の提示の仕方を工夫し「できた」という充実感や達成感を体験させる，④トラブルが発生したときは，原因を振り返らせる，⑤学校においてどのようなことをサキがやりたいのかを話し合い，責任をもたせて取り組ませる，という指導の方針を立てました。

その後，担任は保護者の了解を得て大学病院の臨床心理士と相談の機会を設けました。臨床心理士の先生からサキの幼い頃からの次のような状況を聞くことができました。

サキは，3歳児検診において発達の遅れを指摘されたが，いずれ追いつくだろうと母親は考えていたそうです。幼稚園では，席に着かず徘徊して注意の聞けない子どもでした。小学校1年のときは，授業中も担任教師につきまとい，授業の妨げとなっていたとのことです。小学三年生のとき，特別支援学級に入級しましたが，その時点で母親は「もうこの子には，期待できない」と感じたようです。母親にとって，サキは「どうにもならない頑固で，困った子ども」としか感じられず，今日まで辛く厳しい言葉で精神的な虐待を行ってきていると思われます。

この相談から，サキは母親からの疎外感を受けながらも，必死になって甘えようとしているものの，母親はサキが不適切な態度をとるときは叱責という形で関わっている現状が浮かび上がってきました。関わってもらいたいために，また不適切な行動をするという悪循環な関わりをしているサキの生活環境の厳しさや性格形成の背景が明らかになりました。WISC-Ⅲの下位検査結果から，絵画完成の問題では興味をもってものごとに取りかかることができているが，能力が低いため継続ができず，そのことにじ

ポイント

☆「困っている子ども」として見ることにより，余裕をもって冷静に考えることができます。また，教師自身の指導についても冷静に振り返ることができます。

ポイント

☆子どもの困り感に添うように，方針を立てることができました。教師の考えをはっきりと口に出すことにより，子どもにも母親にも，教師が真剣に向き合おうとしている気持ちが伝わったと思います。

ポイント

☆関係機関からの情報は，子どもの行動形成の背景や現在の行動の意味をさらに深く知るのに有効です。

Ⅴ ICF支援シートの活用例！

130　V　ICF支援シートの活用例！

れったさや嫌気を感じており，自分自身を好きになれないのではないでしょうかという話を聞くことができました。

5．新たな指導・支援の方針

　サキの生育歴や家族状況の話を受け，ICF支援シートを一部修正して指導・支援の仮説を立てました。

　環境因子からサキの性格形成の背景が活動の制限・参加の制約となっていることがより深く分かり，新たな指導・支援の目標を立てました。支援の方針を「できる活動を増やして安心した参加の場所を保障することにより周囲の人との信頼関係をつくり出し，本人にとって学校を安心できる居場所にする。」としました。

　具体的な手立てとして，以前の手立てに加え，①遅刻を認め登校したらプラスの言葉がけをする，②学習も大切だが生活の仕方の指導に重点を置く，③強く叱責せず「何が悪かったのか」を具体的に諭す，④他者への不適切な関わりをしたときは冷静に対応する，⑤本人が何をやりたいのか受け入れ責任をもたせ取り組ませるとの方針を立てました。

　指導・支援の方法については，自閉症・情緒障害特別支援学級担任，支援員に対して，ICF支援シートによるサキの全体像を伝えるとともに，そこから導き出されたサキの目標と指導・支援の手立てを話し合い，共通の指導を行うことを確認しました。

6．指導の経過

　サキの良いところは，どのようなことに対しても興味をもち取り組もうとするところです。そこで担任は，サキが学校でどのような学習をしたいかについて話し合いました。サキは，作業学習の時間に紙漉（かみすき）をして「きれいなはがきを作り文化祭などで販売したい」という願いを口にしたのです。そこで責任をもたせ活動することをねらいとして，紙漉でのはがき作りに取り組ませることにしました。すぐに紙漉の道具を準備しましたが，特にミキサーを新たに購入したことでうれしさを体いっぱいに表現したのが印象的でした。サキは，給食の牛乳パックを丁寧に洗い，お湯で煮出しはがきの原料を作り型に流し込む作業を，黙々と行いました。はがきになるまでは時間がかかりましたが，根気よく取り組むこ

ポイント

☆「遅刻をすれば注意をする」のは当然と考えるのではなく，登校できたことをほめるという反対の発想法です。叱責より賞賛が良い行動を形成します。

ポイント

☆ICF支援シートを用いることによって，教師間の共通理解を深めることができます。指導の連携のためのツールといえます。

ポイント

☆本人が得意なことやできることを発展させていく活動を取り入れ

とができ，教員もそのがんばりを賞賛しました。

しかし，はがき作りに夢中になりすぎて作業学習時間以外もやろうとしたり，学級での協同作業にも参加しなかったりなど自己中心的な態度が出てきました。また，紙漉の原料である牛乳パックを煮出そうとして，一人でガス台に火をつけようとしていたところを支援員に叱責されるなどのできごともありました。以前なら叱責には反抗的な態度になり，相手を非難することに終始していましたが，このときは「どうしてガス台を使っちゃいけないの。」と素直に質問をしてきました。火を使う危険性と作業学習の時間だけはがき作りを行うことの意味を話し，いくつかの約束を提案すると，サキは「忘れるから書いてください。作業室に貼っておきます。」と自分から言い出したのです。

家庭で強く叱責されることの多いサキには，大人の威圧は逆効果です。今回は反抗的な態度を取らなかったのは，紙漉のはがき作りを続けたいのがサキの願いであり，これによって自分を認めてもらいたい，賞賛されたいという思いが強かったと痛感しました。このサキの思いを，教師間で再確認するために，指導・支援の方法を話し合いました。サキの不適切な行いを訂正し，良い行動を導き出すためには，穏やかに接し諭すことにより，大人への信頼関係が確立し，安心できる居場所があることを理解させる方法であることを共通理解できました。

7．指導の結果

本人の思いを受け，紙漉によるはがき作りを奨励し，その中でいくつかの約束を交わしたことで落ち着いて生活ができるようになりました。三学期になると欠席も減り，二時間目までには登校するという状況が増えてきました。登校したときも元気よく「おはようございます。」とあいさつができ，がんばったねという思いを込めて教師側もサキにとって肯定的な声かけをしました。そのことにより一日穏やかに生活できる日が多くなってきたように思います。母親が学校に来て困り感を訴えなくなったことからも，サキの意志で登校できていると感じました。サキが朝決まった時間に登校できるようになったことにより，母親のサキに対する強い叱責もなくなってきました。そして，徐々に母親の心が安定し

ることで，積極性が生まれました。また，うまくできたことによって自信と自己肯定感が育まれたと考えます。

ポイント

☆子どもの思いに寄り添った教師や大人の働きかけは，子どもの信頼を取り戻すために有効な方法です。子どもからの信頼を得るには，指導方針が揺るぐことなく，継続して行われることと，教師間の一貫性がとれていることです。

ポイント

☆子どもが変わることによって保護者が変わったケースです。保護者に問題があっても，保護者を変えることは不可能に近いでしょう。教師は，まず子どもに働きかけ，子どもの発達・成長を促し，行動の変容を行っていくべ

132　V　ICF支援シートの活用例！

てきたと思われ，母親の態度や行動にも改善が見られてきました。

　学習面では，プライドの高いサキを傷つけないように，できる問題とチャレンジ問題を組み合わせて取り組ませました。取り組む時間を短時間にして集中力を高めさせ，終了したら買い物ゲームなどを行いました。お金を使ったゲームでは協同し取り組み，指示された金額を出せない生徒に対して優しく手助けをする場面も見られたのです。以前は，自席を離れ友だちの学習内容を見て「そんなことは簡単にできる。」などと言ってしまい，トラブルになっていましたが，その行動もなくなり，「みんなそれぞれ違う。私もその中の一人。」という自覚が芽生えてきたように思えます。

　友だちに遊んでほしいためにしつこく関わるなど小さなトラブルはまだありますが，担任は何が悪かったのかを考えさせ，自分の行動を振り返らせる指導を行っています。3学期に大学附属病院の臨床心理士からカウンセリングの報告が寄せられました。その際，サキは自分の作ったはがきを手渡して作り方を得意げに話し，学校生活でのがんばりを伝え，先生たちもそれを認めてくれていると報告したそうです。教員がサキの行いに対して，「良いこと」「良くないこと」をはっきりと伝えていることで自制の力が生まれていると記してありました。

8．考察

　学年当初，サキの態度を見たとき，教師たちは「指導の難しい生徒」，「困った子ども」という印象をもち，生活習慣が確立していないサキに問題があると決めつけていました。研究会においてICF支援シートを作成し，サキの置かれている状況や実態について分析をし，サキが大人に傷つけられ，大人を信頼していないことが理解できました。そしてサキを受け入れようとしなかった教師たちが信頼されていないのだと気がつきました。

　ICF支援シートを利用して，サキの個人因子や環境因子を考えることにより，サキの背景にあるものを深く理解することができました。ICF支援シートの作成は，指導・支援の目標や達成のための具体的な手立てを考え実際の指導につなげることができる手段ともなりました。

きです。

ポイント

☆自分自身を客観視することができることによって，他人に対する行動も変わってきます。自我が形成されつつあることを感じます。

ポイント

☆教師自身，教師の態度や振る舞い，教師の子どもに対する働きかけはすべて，子どもにとって環境因子です。環境が変わることにより，本人の活動や参加も変わっていきます。

また，ICF支援シートを活用した実践の成果の一つとして，サキの指導を通して環境因子の一因である指導者が変容したということが挙げられます。ICF支援シートの作成・討議という活動を通して，困り感があり指導の手をこまねいていた教師の意識が変わっていったと感じます。ICF支援シートを利用して指導者が共通理解を行った結果，一貫した指導を行い同じ態度で接することができたことも成果であり，ICF支援シートは教師たちの共通理解のツールとしてとても有効でした。

サキの事例で最も重要であったのは，生徒の思い・主観を受けとめ，学習環境（教師という環境因子も含め）を積極的に調節したことであると考えます。本事例はICF支援シート作成をすることにより，どの機関とどう連携を取るかが明確になり，それらの機関と迅速に密接につながることで，より深く生徒理解をして指導・支援の手立てを考え実践することができました。また，生徒の主観である紙漉ではがきを作りたいとの思いを受け，教師が用具や手順を素早く準備したことによって，大人が自分を受け入れてくれたといううれしさや学校は自分の居場所であるという安心感が生まれ，サキの態度や心が変容してきたのではないかと推測できます。そして，はがき作りで交わした約束をサキが守り，熱心に取り組み，できあがったはがきを教師が賞賛したことで大人に対する信頼感と，「できた」という達成感・充実感が味わえ，彼女の態度の変化が現れました。環境の改善は，サキにとってのマイナスの活動を抑制し，プラスの「活動・参加」の場面を増やすという「良環境」をつくり出せたと考えています。

ポイント

☆子どもの主観や思いは，アンビバレントなものです。揺れ動く思いを保護者や教師が支えていかなければ，自己肯定感も育ちませんし，自我形成へとつながりません。信頼できる大人が，子どもの発達には不可欠です。

Ⅴ　ICF支援シートの活用例！

134　V　ICF支援シートの活用例！

事例6　自閉症スペクトラム障害の生徒に対する進路指導

　障害のある生徒の就労ニーズに対応するためには，生活自立と就労を支えるための進路指導が不可欠です。実際の支援においては，進路希望，産業現場等における実習（以下，現場実習）等を通しての自己理解，自分の特性を把握すること，また，一人ひとり異なる夢や希望，能力に応じたキャリア発達と，企業が行う事業や社会のニーズの接点から，それぞれの生徒の職業生活を見いだしていく必要があります。
　そこで，高機能自閉症である生徒の進路指導をするために，ICF支援シートを用いてみました。

1．対象生徒の概要

　リョウタ（仮名）は，知的障害特別支援学校高等部3年の男子生徒です。幼児期は，友だちと一緒に遊ぶこともなく，乱暴な関わりが多く見られるなど集団生活がまったく送れませんでした。小学校は通常の学級に在籍し，4年生のときに集団生活に対する不適応で，診察を受けたところ医師から高機能自閉症との診断を受けました。現在は，かなり難しい語彙を使って話すことができるなど言語能力は高いのですが，対人関係面において，教師や友だちから強い口調での注意や納得がいかないことなどを言われると，感情的な言葉で言い返してしまうことがあります。
　パソコンが趣味で，特別支援学校高等部在籍中に日本語ワープロ検定第2級，Excel表計算処理技能認定3級をそれぞれ取得しました。また，療育手帳に関しては判定外であるとして未取得でしたが，関係機関からの助言を受け，本人と保護者の希望により精神障害者保健福祉手帳2級を取得し，一般企業障害者枠での就労をめざしました。
　WAIS-Rの結果（実施時17歳11か月）は，全検査IQ88，言語性IQ93，動作性IQ84でした。言語性下位検査は評価点7～12の範囲に分布し，〈類似〉が評価点12と最も高く，一方，動作性下位検査は評価点1～13の広範囲に分布し，〈絵画配列〉が評価点13であったのに対し，〈符号〉は評価点1でした。

2．支援の方向性

(1) ICF支援シートの作成

　特別支援学校の教育課程の中で，現場実習は進路指導の重要な柱の一つとなっています。これは，学校外の各事業所において，実際的な職業生活を経験したり，職業生活に必要なことがらを理解したりするものですが，実習や実際的な職業体験を通して社会に貢献する働く力を身につけ

ることの意味を理解し，自己実現としての進路選択につなげるようにすることが重要であるとされています。

　本校における3年次の現場実習は，年3回（各2週間）実施していますが，その事前学習では，実習先の決定後，その実習先の作業内容をできる限り再現し，現場実習に参加する前の予行的な学習として取り組んでいます。この事前学習時に，本人と一緒にICF支援シートを作成し，それをもとに進路指導を行いました。

(2) ソーシャル・ストーリーズの作成と活用

　ICF支援シートを作成し，就労に向けて身につける必要があるスキルや苦手意識を感じることなどに対して，自分の意思で適切な行動を選択できるように，環境因子のところに，環境調整1（スキル学習）を位置づけました。現場実習の事前学習の際にソーシャル・ストーリーズを作成し，実際の活用は，現場実習時に職場に着き仕事を始める前にソーシャル・ストーリーズを読み，一日の仕事が終了した後に，ソーシャル・ストーリーズの内容について本人が自己評価を行うこととしました。

3．支援の実際
(1) 第1期：現場実習事前学習（ICF支援シートの作成）

　実習事前学習において，仕事内容や通勤方法，実習時における個人目標等の確認をしましたが，この際，ICF支援シート（図5-7，p.137）を作成しました。まず始めに本人が，ICF支援シートの各構成因子に「身体的な特徴」，「自分ができること，課題」，「実習の目標」，「こんなサポートがあれば」，「自分の特技・特性」，「将来の夢」を記入し，次に，記入内容をもとにしながら教師と一緒に，各構成因子を相互的・多角的に確認し，併せて本人の就労に対するニーズについて整理を試みました。

　こんなサポートがあればうまくいき，職場に定着していけるというように，自分に必要な支援を自分で理解できるなど，就労に向けて自分の職業能力や障害特性と向き合うことで，自己理解を深めていくことがとても大切になります。

　本校では，現場実習において各事業所と生徒の実態に関する共通理解を図るために，ICF支援シートを作成しています。内容は，「実態」，「特性」，「具体的なサポート内容」，「目標」等となっており，基本的には教員が作成します。しかし，リョウタのケースにおいては，自分の障害特性に対する理解を深めることをねらいとして，①教員が作成する，②教員と生徒が一緒に作成する，③生徒本人が一人で作成する，という取り組みを実施しました。

136　Ⅴ　ICF支援シートの活用例！

　ICF支援シートを本人が作成することで，リョウタは，自分の将来の夢についてより深く考えたり，自分の得意なことや課題となることを確認したりすることができました。また，ICF支援シートの内容を教師と一緒に確認することで，どのような支援が受けられれば，自分が安心した生活を送ることができたり，仕事をしたりすることができるのかなどの課題を明確にすることもできました。また，今回の実習についての目標を自分で立てたことで，実習に対する意欲の向上も図ることができました。さらに，リョウタの好きなことや得意なこと，また就労に関する高い意識など多くのことが見えてきました。

　支援する教師側は，活動・参加における目標設定をする際に，リョウタが就労に対して，「初めての給料をもらったら家族にごちそうすることが夢である」と話をするなど希望と夢をもっていることを重視し，リョウタの「〜したい」という気持ちを実現させるためにはどうすればよいかということを大切に考え，目標設定を行いました。

ポイント

☆支援の方向性と目標達成のための環境調整を検討します。そして指導方法や指導内容等を明確化します。

ポイント

☆本人の強みを一緒に考え，自己理解を深めます。

(2) 第2期：現場実習（ソーシャル・ストーリーズの作成）

　今回の事例では，現場実習時にリョウタが就労に向けて身につける必要があるスキルや苦手意識を感じることなどに対して，自分の意思で適切な行動を選択できるようにソーシャル・ストーリーズを活用し，実践しました。また，リョウタが身につけなければならないことや苦手意識があることに対して，自分の意思で適切な行動を選択できるように，①報告・質問をするとき，②いらいらしたとき，③仕事をするとき，の3つの場面におけるソーシャル・ストーリーズを作成しました。使い方としては，現場実習の際に通勤して自分の席に着き，仕事が始まる前の時間に一通り読んで確認し，毎日の仕事の終了後に評価を記入しました。

ポイント

☆ソーシャル・ストーリーズを活用し，適切な行動を選択できる力を育てます。

(3) 第3期：現場実習

　高等部3年の10月の現場実習は，食品会社において事務補助の仕事を担当しました。仕事内容は，切手貼り，Excelでのデータ入力，文書整理・確認，従業員の出勤カード作成，封筒作り等でした。リョウタが希望する事務補助の仕事であったため，意欲

ポイント

☆個別移行支援計画作成に対して，生徒本人も参画させます。

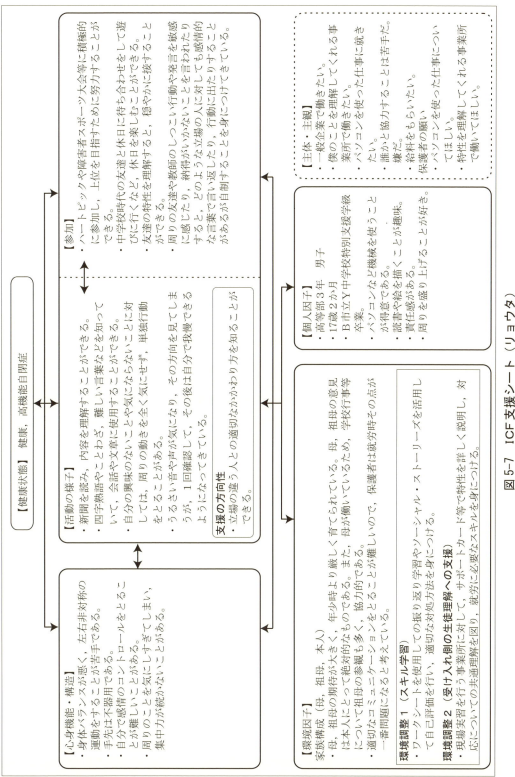

図5-7 ICF支援シート（リョウタ）

138　V　ICF支援シートの活用例！

的に仕事に取り組むことができました。

　仕事の内容や優先順位については，リョウタが自分でメモをとり確認することにしました。事業所の担当者が複数の指示を一度に出す場合は，仕事内容を箇条書きにしたメモを書いてくれたり，担当者の不在の日には，リョウタが出勤後に仕事内容を自分で確認できるように，机上に仕事内容を箇条書きした紙を置き，見通しをもって一日仕事に取り組めるよう配慮をしてくれました。

　ICF支援シートを活用した取り組みを行ってきましたが，これはまさに自己理解につながるものでした。具体的には，「こんなサポートがあれば」等，自分の特性について考えることができました。また，第3期の実習を実施するにあたり，ソーシャル・ストーリーズを作成しました。しかし，リョウタは，初日の朝，内容を確認しただけで，その後は，読まなくても大丈夫ということで実施しませんでした。必要な支援をどこまで続ければよいのかについても，改めて考える機会になりました。

ポイント

☆ICF支援シートなどを用いて事業所に本人の特性や対応方法を知らせておくことが重要です。

4．考察

　現場実習の事前学習において本人自身がICF支援シートを一人で作成する取り組みを通して，自分の障害と向き合い，自分の障害特性に対する理解を深めることができたと思われます。また，具体的に，現場実習における場面を想定して行ったり，実習後の事後学習として改めて作成，修正したりすることで，現場実習先にて，どのようなサポートがあればうまくできるか，うまくできたか等を考えることができ，自己理解をさらに深めることができました。今後，職場に定着し安定した就労生活を送るためにも，自分自身に必要な支援を理解できるなど，就労に向けて自分の職業能力や障害特性と向き合うことで，自己理解を深めていくことがとても大切になると考えます。

　次に，指導・支援をする教員側ですが，ICF支援シートの内容を本人と一緒に確認したり，ICF支援シートを参考に指導内容や指導方法を検討したりすることなどを通して，本人の目標が今まで以上に焦点化されたことや目標に対する環境調整などの手立てが整理されたことなどが成果として挙げられます。また，それらに対して本人のニーズに寄り添いながら，教師とリョウタが一緒に目標設定や評価を行えたことも大きな成果でした。

　さらにICFの基本的な考え方を学びながら，教師間で共通の生徒のとらえ方ができました。そのうえで，私たちがリョウタに対して相互理解をすすめ，本人が問題解決できるように，連携しながら協力的に関わることができたことも大きな成果となりました。

脳性まひ児のよりよい食事のための自立活動の指導

中度の知的障害を併せ有する脳性麻痺（痙直型）のタケシ（仮名：肢体不自由特別支援学校中学部重複障害学級2年・男子）は，下肢の緊張が強く独歩が困難で常時車いすを使用しています。上肢は下肢に比し緊張は弱いものの，上肢を使う活動においてさまざまな学習や生活上の困難が生じています。

タケシの自立活動の指導においては，食事面の自立をめざすことが大きな課題となっています。食事の自立をめざす指導では，往々にして，心身機能の向上を図ることが食事動作の習得を高め，食事の自立につながるといった基底還元論に基づく指導が展開され，食事動作習得の基盤となる上肢機能の向上を図る指導に力が注がれてきました。上肢機能の指導は，訓練的な意味合いの学習として展開され，目標の達成には遠いものでした。

そこで，タケシの指導のあり方をICFの視点から見直し，よりよい自立活動の指導のあり方を考えることにしました。

1．タケシの実態

タケシの実態は，以下の通りです。

(1) 心身の障害の状態

・下肢の緊張が強く，はさみ肢位がみられる。また，股関節の伸展緊張・可動制限が強く，膝関節に拘縮がみられ，屈曲している（これまで下肢の緊張を和らげるためのボトックス注射を受けてきた）。膝立ち，つかまり立ちは困難。

・座位姿勢（車いす）は体幹周りの筋力の弱さもあり前屈位になる。上肢は下肢に比べて緊張が弱いが，甲骨周辺部に緊張もみられ，上肢と体幹，および両腕の分離運動も未熟。上肢の関節可動域は狭く，体幹，頸筋，上肢の筋力が弱い。左手首・手指がやや屈曲。右指の分離運動や両手の協調運動も未熟。

・常時車いすを使用。車いすでの教室内移動はおおむね自分でできる。しかし，移動速度が遅く，教室移動時等は教師に車いすを押してもらい移動している。車椅子が通りにくい狭い空間でも移動しようとして，机や物にぶつかるときがある。

(2) 食事の状況

給食のとき，箸で細かな食べ物をはさむことが難しく，また，タケシにとってテーブルが高

140　Ⅴ　ICF支援シートの活用例！

いことも加わり，前屈みの姿勢で食物を箸でかき込むように食べる。手元から離れた位置にある副食によく箸が届かず，教師にプレートの位置や向きを変えてもらい食べる。大きな固形物の捕食や咀しゃくが難しく，食べ物によっては一口大の大きさにしてもらう。

(3) コミュニケーションの状況

　発音は明瞭だが小声。日常的なできごとを理解し，たずねられれば身近なできごとについて他者と会話を楽しむことができる。すぐそばに教師がいれば，必要な場面で援助依頼ができるが，教師が離れているときには，物を落としても解決できず黙ってその場にずっといることが多い。友だちとの会話は少ない。

(4) 家庭生活・余暇

　家庭での食事では，居間で座椅子に座りゆっくり時間をかけて食事をとる。スプーンを使用。更衣等は全介助。ほとんどの時間，居間で座椅子に座り，大好きなゲームやテレビに興じている。

(5) 性格・行動

　性格は素直でおとなしい。多くの学習場面で消極的。訓練的な自立活動の時間で意欲の低下がみられる。しかし，ゲーム的な課題には高い意欲を示す。

(6) 他機関の支援

　週1回，〇〇大学リハビリテーションセンターで下肢のリラクゼーションを中心にリハビリを受けている。

(7) 保護者の願い

　「身の回りのことを少しでも自分でできるようになってほしい」

2．ICFの考え方を踏まえた指導への転換

　以前のタケシの指導では，食事動作の基盤となる上肢機能の向上に力が注がれていましたが，ICFの考え方に基づいて，主に次のような観点から指導の見直しを進めることにしました。

(1) 学習目標の見直し

　実際の食事（給食）場面での「参加」をゴールとしそれを重視することにし，「参加目標」の設定のもと，活動を活性化していくための「活動目標」を設けることとしました。また，以前の指導の中心であった上肢機能の向上を図る指導も引き続き重要と考え，それを高める「心身機能の向上目標」を設定することにしま

ポイント

☆参加目標を重視するICFの視点による目標設定です。

した。

　それらの ICF の３つの次元に設けた目標は，「心身機能」が向上すれば「活動」が活性化し「参加」が促進されるといった関係にあり，以前の基底還元論的な指導の考え方に通じますが，「参加目標」を明確に設定し環境を整えながらその達成を重視することで，実生活での生活機能の向上に直接結びつく指導が展開されることになります。なお，「参加目標」は達成可能な目標で，当面においてめざす参加の姿です。そして「参加目標」はめざす将来の生活像に連続してつながり，よりよい参加の姿に発展していきます。

ポイント

☆参加目標を達成するための ICF の次元に沿って下位目標を設定します。

（2）環境の重視と参加の促進

　まず，食事（給食）場面での「参加」を促進するための環境づくりを重視しました。タケシが，「前屈みの姿勢で口を食器に近づけ箸でかき込むように食べる」「口元から離れた位置に置かれた副食によく箸が届かず，教師にプレートの向きを変えてもらいながら食べる」といった状態をもたらしている食事環境下の阻害因子を除去し，よりよく食事をするための環境づくりに努めることにしました。

ポイント

☆参加目標を保障するための環境づくりを考えることが重要です。

　また，「心身機能の向上目標」や「活動目標」の達成を高めるための環境づくりにも留意することにしました。タケシの「多くの学習場面で消極的」なかでも「訓練的な自立活動の指導は意欲が低下する」といったマイナスの心理的資質（個人因子／主体・主観）を改善し，タケシが意欲的に学習に取り組むことができるための手立て・配慮を行うことにしました。

ポイント

☆「主体」にはたらきかけ，主体性を高める手立て・配慮，環境づくりを検討しました。

3．ICF 支援シートの作成

　タケシの食事の様子を ICF 支援シートに示し，関係する教師たちで具体的な課題や目標，学習環境づくりのあり方について検討しました。そして設定した「参加目標」や「活動目標」，「心身機能向上目標」，「学習目標」の達成を支える手立て・配慮事項等の環境因子を ICF 支援シートに書き入れていくことにしました。ICF 支援シートにタケシの食事の様子を書き入れ，各因子の状況を多面的・総合的にとらえることで，指導のあり方を構造的・具体的に考えることができるといえます。（**図 5-8**，p. 142）

142　V　ICF支援シートの活用例！

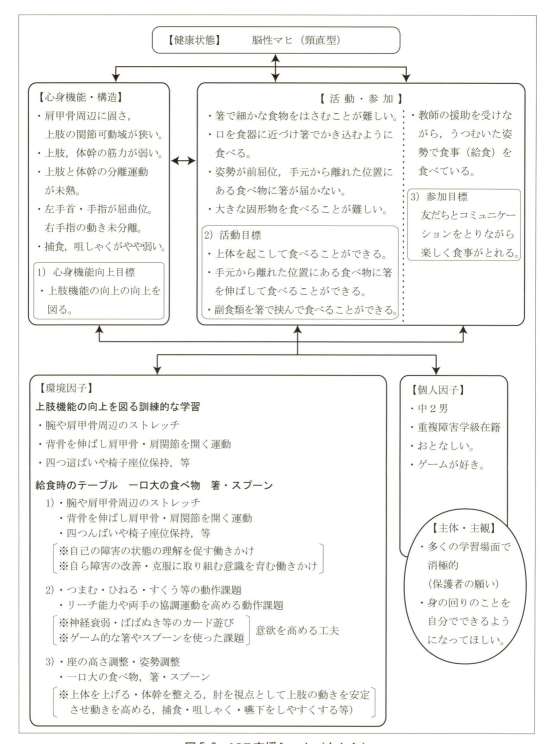

図 5-8　ICF支援シート（タケシ）

４．タケシの指導方針の整理

ICF 支援シートを作成した結果，次のような指導方針が整理されました。

(1) 食事動作の基盤となる上肢機能の向上

タケシの食事動作の難しさの要因には，手首・手指の屈曲や手指の分離運動の未熟がみられ，上肢の関節可動域の狭さがあります。また，手を口元に引き寄せる（運ぶ）動作の未熟や，両手の協調運動の難しさが挙げられます。食事姿勢を維持するための体幹周りの筋力の弱さや姿勢の不安定さ，体幹と上肢の分離運動の未熟さ等も影響しています。訓練的な学習を好まず，そうした上肢機能等の障害のあるタケシに対して，次のような課題，手立て・配慮を用意することにしました。

1）課題

・肩甲骨周辺部のリラクゼイション
・上肢の関節可動域を維持・改善するためのストレッチ
・背骨を伸ばし肩甲骨・肩関節を開く運動・上肢や体幹周りの筋力向上および座位姿勢の安定（座位の前屈位の改善）を図る四つんばいや椅子座位保持，等

ポイント

☆実態をきちんと把握することにより，学習課題や手立てを明確に設定することができます。

2）手立て・配慮

・励ましや賞賛の言葉かけを多くする。
・タケシが抱えている上肢や体幹周りの筋力の弱さ，肩胛骨付近の緊張の状態等について説明し自己の障害状況についての理解を促しながら，たとえば四つんばい姿勢保持は最初は１分，それが達成できたら次は２分の目標を立てるなど，自ら目標化し，主体的に障害の改善・克服に努めることができるように働きかける。

ポイント

☆学習課題および手立て・配慮は，ICF の環境因子「学習プログラム」です。

(2) 食事動作の習得と活動の活性化

また，タケシに対しては，食事動作の習得を進めることが大切と考え，実際に箸やスプーンを使いながら，食事に必要な動作要素を多分に含んだ学習を次のように用意することにしました。

1）課題

・つまむ，ひねる，すくう等の手指・上肢の巧緻性を高める動作課題
・手を口元に引き寄せ運ぶ動作，両手の協調運動等を高める動作課題

144　V　ICF支援シートの活用例！

2）手立て・配慮

　タケシがゲーム的な課題には意欲的を示すことから，自作カードを使った神経衰弱ゲームやばばぬき，ボルトを締めて組み立てるマンガのキャラクターづくり等，箸やスプーンを使ってのゲーム形式の課題等を用意し，タケシが楽しく取り組めるようにする。

（3）実際の食事場面での参加の促進

　捕食や咀しゃく，嚥下の弱さのあるタケシには，大きめの固形物の食べ物はすでに一口大の大きさで用意されているものの，タケシが使用する給食時のテーブルの高さは，タケシにとってやや高めに設定されています。テーブルと車椅子の距離も日頃やや離れた位置になりがちであり，手元から離れた場所にある食べ物が食べにくいという状況を生み出していました。

　こうした食事環境は，タケシの心身機能面の障害に加えて，食事動作の出現を不活性なものとさせ，食事をとることを難しくしていると察せられます。そこで，次のように食事環境を改善することにしました。

1）手立て・配慮

・給食時，車いすの下に敷く固いウレタン製の台を用意し，テーブル面と体の高さを調整して上体が起きる状態をつくる。
・座る位置をテーブルに近づけ，肘をテーブルにつけるようにし，肘を視点とした上肢の安定した動きを引き出し，手元から離れた位置にある食べ物にも箸を延ばしやすくするようにする。
・上体が起きることで友だちの顔がよく見えて，周囲と楽しくコミュニケーションを取りながら食べる状況をつくる。
・頭部が前方に屈曲する（下を向く）姿勢を改善し，咀しゃくや嚥下をスムーズにする。

ポイント

☆活動を制限し，参加制約をしている環境の改善を図ります。

5．個別の指導計画の作成

　ICFの考えに基づいて検討したタケシのよりよく食事をとれるようにする指導について，個別の指導計画にまとめると，右頁のようになります（図5-9）。

6．タケシの指導とICF

　タケシに対して以前行われていた食事の自立をめざす指導においては，心身機能の向上を図ることがADLを向上させ，自立的な生活の実現につながるとして，主に自立活動の時間における指導を中心にその指導が展開されていました。しかし，ICFの考え方を踏まえることで，自立活動の時間における指導だけでなく実際の食事場面の指導を含めて，タケシが主体的に障害の改

指導のテーマ：よりよく食事がとれるようにする指導		
【実　態】		
・座位姿勢（車いす）は体幹周りの筋力の弱さもあり前屈位になる。上肢は下肢に比べて緊張が弱いが，甲骨周辺部に緊張もみられ，上肢と体幹，および両腕の分離運動も未熟。上肢の関節可動域は狭く，体幹，頸筋，上肢の筋力が弱い。左手首・手指がやや屈曲（→右手のみ使用する傾向）。右指の分離運動や両手の協調運動も未熟。 ・給食のとき，箸で細かな食物をはさむことは難しい。また，タケシにとってややテーブルの高さが高いことも加わり前屈みの姿勢で食物を箸でかき込むように食べる。手元から離れた位置にある副食によく箸が届かず，教師にプレートの位置や向きを変えてもらい食べる。スプーンも併用して食べる。大きな固形物の捕食や咀しゃくが難しく，食べ物によって一口大の大きさにしてもらう。		

目標	学習内容	手立て・配慮
1) 心身機能向上目標 ・上肢機能の向上を図る。	・肩甲骨周辺部のリラクゼイション ・上肢の関節可動域を維持・改善するためのストレッチ ・背骨を伸ばし肩甲骨・肩関節を開く運動 ・上肢や体幹周りの筋力向上および座位姿勢の安定（座位の前屈位の改善）を図る四つんばいや椅子座位保持，等	・励ましや賞賛の言葉かけを多くする。 ・上肢や体幹周りの筋力の弱さ，肩胛骨付近の緊張の状態等について説明し自己の障害の状態についての理解を促しながらたとえば四つばい姿勢保持は最初は1分，それが達成できたら次は2分の目標を立てるなど，自ら目標化し，主体的に障害の改善・克服に努めることができるように働きかける。
2) 活動目標 ・上体を起こして食べることができる。 ・手元から離れた位置にある食べ物に箸を伸ばして食べることができる。 ・副食類を箸で挟んで食べることができる。	・手を口元に引き寄せ運ぶ動作，両手の協調運動等を高める動作課題 ・つまむ，ひねる，すくう等の手指や上肢の巧緻性を高める動作課題	・テーブルの高さと座る位置（車いすとテーブルの距離）に留意し，タケシの上体が起きるような環境設定を行い，肘をテーブルにつけ肘を支点にして安定した上肢動作を引き出し，上肢の動きの幅を広げていくようにする。 ・ゲーム的な課題には意欲的を示すことから，自作カードを使った神経衰弱ゲームやばばぬき，ボルトを締めて組み立てるマンガのキャラクターづくり等，箸やスプーンを使ってのゲーム形式の課題等を用意し，楽しく取り組めるようにする。
3) 参加目標 ・友だちとコミュニケーションをとりながら楽しく食事がとれる。		・給食時，車いすの下に敷く固いウレタン製の台を用意し，テーブル面と体の高さを調整して上体が起きる状態をつくる。 ・座る位置をテーブルに近づけ，肘を視点とした上肢の安定した動きを引き出し，手元から離れた位置にある食べ物にも箸を延ばしやすくするようにする。 ・上体が起きることで友達の顔がよく見え，周囲と楽しくコミュニケーションを取りながら食べる状況もたらす。 ・頸部が前方に屈曲する（下を向く）姿勢を改し，咀しゃくや嚥下をスムーズにする。

図 5-9　自立活動における個別の指導計画（タケシ）

善に臨むことができるように留意したり〈主体・主観への対応〉，タケシが興味がある課題要素を踏まえたりしながら〈個人因子への対応〉，どのような環境づくりの下で食事（給食）をとったらよいか考えを深めることができるようになりました。

特に実際の食事（給食）場面での環境を整え参加を保障していく指導の考え方は，タケシの学校生活を生き生きと意欲的なものとさせ，その豊かな学習の連続がめざす将来の豊かな生活への参加につながると考えられました。参加を保障する環境づくりと参加をゴールと考えた指導の重要性です。

しかし，学校で検討したタケシの食事環境づくりを家庭生活にどう般化していくかが，大きな課題です。タケシには，食事の自立をめざすばかりでなく，衣服の着脱や作業活動の充実を図ることなど，いくつかの大切な課題や目標もあります。両下肢の緊張を緩め，はさみ肢や股関節の可動域の制限等の障害の改善・克服を図る指導も排泄面の指導との関連から重要な課題です。それらの指導においても，参加をゴールとして指導のあり方を多面的・総合的に見つめ考えを深めていくことが重要であると考えています。

資料　ICF-CYの主な項目
(一部，語句を修正)

【心身機能】

b	1 精神機能	全般的精神機能	10	意識機能
			103	覚醒状態の制御
			14	見当識機能
			143	ものに関する見当識
			144	空間に関する見当識
			17	知的機能
			22	全般的な心理社会的機能
			25	素質と個人特有の機能
			250	順応性
			251	反応性
			252	活動水準
			253	予測可能性
			254	持続性
			255	親近性
			26	気質と人格の機能
			261	協調性
			263	精神的安定性
			30	活力と欲動の機能
			301	動機づけ
			304	衝動の制御
			34	睡眠機能
		個別的精神機能	40	注意機能
			400	注意の維持
			402	注意の配分
			44	記憶機能
			440	短期記憶
			441	長期記憶
			442	記憶の再生と処理
			47	精神運動機能
			472	精神運動機能の組織化
			473	利き手の確立
			52	情動機能
			56	知覚機能
			60	思考機能
			63	基礎的認知機能
			64	高次認知機能

b	1		67	言語に関する精神機能
			72	計算機能
			76	複雑な運動を順序立てて行う精神機能
			80	自己と時間の経験の機能
	2 感覚機能と痛み	視覚	10	視覚機能
			15	目に付属する構造の機能
		聴覚	30	聴覚機能
			35	前庭機能
		その他の感覚	50	味覚
			55	嗅覚
			60	固有受容覚
			65	触覚
			70	温度やその他の刺激に関連した感覚機能
		痛	80	痛みの感覚
	3 音声と発話		10	音声機能
			20	構音機能
			30	音声言語（発語）の流暢性とリズムの機能
			40	代替性音声機能
	4 心血管系・血液免疫・呼吸器系の機能		10	心機能
			15	血管の機能
			20	血圧の機能
			30	血液系の機能
			35	免疫系の機能
			40	呼吸機能
			45	呼吸筋の機能
			55	運動耐容能
			60	心血管系と呼吸器系に関連した感覚
	5 消化器系・代謝系・内分泌系の機能		10	摂食機能
			103	口中での食物の処理
			105	嚥下
			107	反すう
			15	消化機能
			20	同化機能
			25	排便機能
			30	体重維持機能
			35	消化器系に関連した感覚

148　資料　ICF-CY の主な項目

【心身機能】

b	分類	小分類	コード	項目
b	5 消化器系・代謝系・内分泌系の機能		40	全般的代謝機能
			50	体温調節機能
			55	内分泌腺機能
			550	思春期に関連する機能
			5500	体毛と陰毛の発達
			5501	胸及び乳首の発達
			5502	陰茎・睾丸・陰嚢の発達
			60	標準的な成長維持機能
	6 尿路・性・生殖の機能	尿路	10	尿排泄機能
			20	排尿機能
			30	排尿に関連した感覚
		性と生殖	40	性機能
			50	月経の機能
			60	生殖の機能
			70	性と生殖に関連した感覚
	7 神経筋骨格と運動に関連する機能	間接と骨	10	関節の可動性の機能
			15	関節の安定性の機能
			20	骨の可動性の機能
		筋	30	筋力の機能
			35	筋緊張の機能
			40	筋の持久力の機能
		運動機能	50	運動反射機能
			55	不随意運動反応機能
			60	随意運動の制御機能
			61	自発的運動
			610	全身運動
			611	特定の自発的運動
			65	不随意運動の機能
			70	歩行パターン機能
			80	筋と運動機能に関連した感覚
	8 皮膚関連する機能	皮膚	10	皮膚の保護機能
			20	皮膚の修復機能
		毛と爪	50	毛の機能
			60	爪の機能

【身体構造】

s	分類	コード	項目
s	1 神経系の構造	10	脳の構造
		20	脊髄と関連部位の構造
		30	髄膜の構造
		40	交感神経系の構造
		50	副交感神経系の構造
	2 目・耳関連部位の構造	10	眼窩の構造
		20	眼球の構造
		30	目の周囲の構造
		40	外耳の構造
		50	中耳の構造
		60	内耳の構造
	3 音声と発話の構造	10	鼻の構造
		20	口の構造
		200	歯
		202	口蓋の構造
		204	口唇の構造
		30	咽頭の構造
		40	喉頭の構造
	4 心血管系	10	心血管系の構造
		20	免疫系の構造
		30	呼吸器系の構造
	5 消化器系等の構造	10	唾液腺の構造
		20	食道の構造
		30	胃の構造
		40	腸の構造
		50	膵臓の構造
		60	肝臓の構造
		70	胆嚢と胆管の構造
		80	内分泌腺の構造
	6 尿路・性殖	10	尿路系の構造
		20	骨盤系の構造
		30	生殖系の構造
		304	精巣と陰嚢

【活動と参加】

s	7 運動に関連した構造	10	頭頚部の構造
		20	肩部の構造
		30	上肢の構造
		300	上腕の構造
		301	前腕の構造
		302	手の構造
		40	骨盤部の構造
		50	下肢の構造
		500	大腿の構造
		501	下腿の構造
		502	足首と足の構造
		60	体幹の構造
		600	脊柱の構造
		601	体幹の筋肉
		70	運動に関連したその他の筋骨格構造
	8 皮膚および関連部位の構造	10	皮膚の各部の構造
		20	皮膚の腺の構造
		30	爪の構造
		40	毛の構造

d	1 学習と知識の応用	目的のある感覚的経験	10	注意して視ること
			15	注意して聞くこと
			20	その他の目的のある感覚
			200	注意して口で感じること
			201	注意して触ること
			202	注意して嗅ぐこと
			203	注意して味わうこと
		基礎的学習	30	模倣
			31	物を使うことを通しての学習
			310	単一の物体による学習
			311	複数の物体による学習
			312	複数の物体を関連づけた学習
			313	象徴的遊びを通しての学習
			314	ごっこ遊びを通しての学習
			32	情報の獲得
			33	言語の習得
			330	単語や意味のあるシンボルの習得
			331	単語を組み合わせて語句にすること
			332	構文の習得
			34	付加的言語の習得
			35	反復
			37	概念の習得
			370	基本的な概念の習得
			371	複雑な概念の習得
			40	読むことの学習
			400	シンボルや文字・単語を認識する技能の習得
			401	書き言葉（単語・語句）を音読する技能の習得
			402	書き言葉を理解するための技能の習得
			45	書くことの学習
			450	筆記用具を使う技能の習得
			451	シンボルや文字を書く技能の習得
			452	単語や語句を書く技能の習得
			50	計算の学習
			500	数・数学記号・シンボルを認識する技能習得
			501	数えたり順序づけたりする数の技能の習得
			502	基本的な演算技能の習得
			55	技能の習得

150 資料 ICF-CY の主な項目

【活動と参加】

d	1 学習と知識の応用	知識の応用	60	注意を集中すること
			600	人の接触・顔・声に注意集中する
			601	環境の変化に注意を集中すること
			61	注意を向けること
			63	思考
			630	見立てること
			631	推測すること
			632	仮定をたてること
			66	読むこと
			660	読むための一般的な技能や方略
			661	書き言葉を理解すること
			70	書くこと
			700	書くための一般的な技能や方略
			701	文法に従って作文すること
			702	作文を完成させるための技能
			72	計算
			720	計算過程の簡単な技法の使用
			721	計算過程の複雑な技法の使用
			75	問題解決
			77	意志決定
	2 一般的な課題と要求		10	単一課題の遂行
			104	単純な課題の達成
			105	複雑な課題の達成
			20	複数課題の遂行
			204	一人での複数課題の遂行
			205	グループでの複数課題の遂行
			30	日課の遂行
			300	定められた日課に従うこと
			304	日課の変更の管理
			305	自分の時間の管理
			306	時間的な要求に従うこと
			40	ストレスと心理的要求への対応
			50	自分の行動の管理
			500	新規なものを受け入れること
			501	要求に応えること
			502	人や状況への接近
			503	予測可能な行動をすること
			504	活動水準を適合させること

d	3 コミュニケーション	理解	10	話し言葉の理解
			100	人の声への反応
			101	簡単な話し言葉の理解
			102	複雑な話し言葉の理解
			15	非言語的メッセージの理解
			151	一般的な記号とシンボルの理解
			152	絵と写真の理解
			20	公式手話によるメッセージの理解
			25	書き言葉によるメッセージの理解
		表出	30	話すこと
			31	言語以前の発語
			32	歌うこと
			35	非言語的メッセージの表出
			40	公式手話によるメッセージの表出
			45	書き言葉によるメッセージの表出
		会話ほか	50	会話
			55	ディスカッション
			60	コミュニケーション用具・技法の利用
	4 運動・移動	姿勢の変換と保持	10	基本的な姿勢の変換
			107	寝返り
			15	姿勢の保持
			153	座位の保持
			154	立位の保持
			155	頭位の保持
			20	乗り移り
		物の運搬移動操作	30	持ち上げることと運ぶこと
			35	下肢を使って物を動かすこと
			40	細かな手の使用
			45	手と腕の使用
			46	細かな足の使用
		歩行と移動	50	歩行
			55	移動
			555	(床を) 滑ることと転がること
			556	ずり足歩行
			60	さまざまな場所での移動
			65	用具を用いての移動

d	4	交通機関	70	交通機関や手段の利用
			703	交通手段としての人の利用
			75	運転や操作
			80	交通手段として動物に乗ること
	5 セルフケア		10	自分の身体を洗うこと
			20	身体各部の手入れ
			205	鼻の手入れ
			30	排泄
			300	排尿の管理
			3001	排尿の適切な遂行
			301	排便の管理
			3011	排便の適切な遂行
			302	生理のケア
			40	更衣
			50	食べること
			500	食べることの必要性の意思表示
			501	食べることの適切な遂行
			60	飲むこと
			70	健康に注意すること
			700	身体的快適性の確保
			701	食事や体調の管理
			702	健康の維持
			71	安全に注意すること
	6 家庭生活	入手	10	住居の入手
			20	物品とサービスの入手
		家事	30	調理
			302	食事の準備の手伝い
			40	調理以外の家事
			406	食事の準備以外の家事の手伝い
		管理・援助	50	家庭用品の管理
			507	家庭用品の管理の手伝い
			60	他者への援助
			606	他者への援助への手伝い

d	7 対人関係	一般的対人関係	10	基本的な対人関係
			101	対人関係における感謝
			104	対人関係における合図
			106	親しい人々の判別
			20	複雑な対人関係
		特別な対人関係	30	よく知らない人との関係
			40	公的な関係
			50	非公式的な社会的関係
			60	家族関係
			70	親密な関係
	8 主要な生活領域	教育	10	非公式な教育
			15	就学前教育
			150	就学前教育への入学
			152	就学前教育の内容の習得
			153	就学前教育の終了
			158	その他の就学前教育
			16	就学前教育時の生活や課外活動
			20	学校教育
			200	学校教育への就学進学進級
			201	学校教育の履修
			202	学校教育の内容の習得
			203	学校教育・学校レベルの終了
			25	職業訓練
			250	職業訓練の開始・進級
			252	職業訓練プログラムの内容の習得
			253	職業教育の終了
			30	高等教育
			300	高等教育への進学・進級
			301	高等教育の履修
			302	高等教育の内容の習得
			303	高等教育の終了
			35	学校生活や関連した活動
		仕事と雇用	40	見習研修（職業準備）
			45	仕事の獲得・維持・終了
			50	報酬を伴う仕事
			55	無報酬の仕事

資料　ICF-CYの主な項目

【活動と参加】

d			
	8 主要な生活領域	経済生活	
		60	基本的な経済取り引き
		65	複雑な経済取り引き
		70	経済的自給
		80	遊びにたずさわること
		800	一人遊び
		801	傍観的遊び
		802	並行遊び
		803	共同遊び
	9 コミュニティライフ		10 コミュニティライフ
		103	非公式なコミュニティの生活
		20	レクリエーションとレジャー
		200	遊び
		201	スポーツ
		202	芸術と文化
		203	工芸
		204	趣味
		205	社交
		30	宗教とスピリチュアリティ
		40	人権
		50	政治活動と市民権

【環境因子】

e			
	1 生産品と用具	10	個人消費用の製品や物質
		15	日常生活の個人用の製品と用具
		152	遊び用の製品と用具
		1520	一般的な遊び用の製品と用具
		1521	遊び用の改造された生産品と物品
		20	個人的な移動と交通のための製品と用具
		25	コミュニケーション用の製品と用具
		30	教育用の製品と用具
		35	仕事用の製品と用具
		40	文化レクリエーションスポーツ用の製品と用具
		45	宗教とスピリチュアリティ用の製品と用具
		50	公共の建物の設計建設用の製品と用具
		55	私用の建物の設計建設用の生産品と物品
		60	土地開発関連の製品と用具
		65	資産
	2 環境変化	10	自然地理
		15	人口・住民
		20	植物相と動物相
		25	気候
		30	自然災害
		35	人的災害
		40	光
		45	時間的変化
		50	音
		55	振動
		60	空気の質
	3 支援と関係	10	家族
		15	親族
		20	友人
		25	知人仲間同僚隣人コミュニティの成員
		30	権限をもつ立場にある人々
		35	下位の立場にある人々
		40	対人サービス提供者
		45	よく知らない人
		50	家畜・家禽など
		55	保健の専門職
		60	その他の専門職

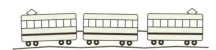

e	4 態度	10	家族の態度
		15	親族の態度
		20	友人の態度
		25	知人仲間同僚隣人コミュニティ成員の態度
		30	権限をもつ立場にある人々の態度
		35	下位の立場にある人々の態度
		40	対人サービス提供者の態度
		45	よく知らない人の態度
		50	保健の専門職者の態度
		55	その他の専門職者の態度
		60	社会的態度
		65	社会的規範・慣行・イデオロギー
	5 サービス・制度・政策	10	消費財生産のためのサービス・制度・政策
		15	建築建設に関連するサービス・制度・政策
		20	土地計画に関連するサービス・制度・政策
		25	住宅供給サービス・制度・政策
		30	公共事業サービス・制度・政策
		35	コミュニケーションサービス・制度・政策
		40	交通サービス・制度・政策
		45	市民保護サービス・制度・政策
		50	司法サービス・制度・政策
		55	団体と組織に関するサービス・制度・政策
		60	メディアサービス・制度・政策
		65	経済に関するサービス・制度・政策
		70	社会保障サービス・制度・政策
		75	社会支援サービス・制度・政策
		7500	家族友人による非公式の世話
		7501	サービス提供者の家でのデイケア
		7502	児童・成人へのケアサービス
		80	保健サービス・制度・政策
		85	教育と訓練のサービス・制度・政策
		853	特別な教育・訓練のサービス
		854	特別な教育・訓練の制度
		855	特別な教育・訓練の政策
		90	労働と雇用のサービス・制度・政策
		95	政治的サービス・制度・政策

参考文献

1）障害者福祉研究会，ICF国際生活機能分類－国際障害分類改訂版－，中央法規出版株式会社，2002

2）上田敏，ICFの理解と活用，きょうされん，2005

3）独立行政法人国立特殊教育総合研究所，ICF（国際生活機能分類）活用の試み　障害のある子どもの支援を中心に，ジアース教育新社，2005

4）独立行政法人国立特殊教育総合研究所，ICF及びICF-CYの活用　試みから実践へ－特別支援教育を中心に－，ジアース教育新社，2007

5）厚生労働省大臣官房統計情報部，生活機能分類の活用に向けて－ICF（国際生活機能分類）：活動と参加の基準（暫定），財団法人厚生統計協会，2007

6）独立行政法人国立特殊教育総合研究所，課題別研究報告書　ICF児童青年期バージョンの教育施策への活用に関する開発的研究，独立行政法人国立特殊教育総合研究所，2008

7）厚生労働省大臣官房統計情報部，国際生活機能分類－児童版－，財団法人厚生統計協会，2009

8）金沢特別支援教育ICF研究会，特別支援教育とICF－ICFは如何に障害児教育の課題を継承し，克服するのか－，金沢特別支援教育ICF研究会，2009

9）西村修一，子どもの見方が変わるICF，クリエイツかもがわ，2009

10）栃木県連合教育会・栃木県教育研究所特別支援教育研究部会，子ども理解とより良い支援のために－ICFの視点を活かす－，栃木県連合教育会，2010

11）大塚享子・池本喜代正，不適応行動のある生徒の実態把握と指導－ICFを活用して－，宇都宮大学教育学部教育実践総合センター紀要，第33号，201-207，2010

12）清水浩・池本喜代正，高機能自閉症児への対人関係スキル指導におけるICF活用（2），宇都宮大学教育学部教育実践総合センター紀要，第33号，185-192，2010

13）独立行政法人国立特殊教育総合研究所，研究成果報告書　特別支援教育におけるICF-CYの活用に関する実際的研究，独立行政法人国立特殊教育総合研究所，2010

14）独立行政法人国立特殊教育総合研究所，特別支援教育におけるICFの活用　Part3，ジアース教育新社，2013

15）大阪障害者センター・ICFを用いた個別支援計画策定プログラム開発検討会，本人主体の「個別支援計画」ワークブック，2014

16）西村修一，合理的配慮とICFの活用，クリエイツかもがわ，2014

17）ICF Research Branch，日本リハビリテーション医学会監訳，ICFコアセット，医歯薬出版株式会社，2015

おわりに

　ICF（国際生活機能分類）が2001年にWHOにおいて採択されてから，早10数年が過ぎました。障害という人間のマイナス面ばかりに着目していたICIDH（国際障害分類）から，人間の生活機能という肯定的な視点から人の生きる姿を見つめ，環境のあり方を含めて，障害の改善の方策を見いだすようになったICFの考え方への転換は，障害を有する人々の人間としての尊厳を尊重したうえで，人間としての全体像をとらえることにより，教育や医療，福祉，労働等におけるさまざまな支援・援助のあり方を変容させてきました。2007年にはWHOからICFの派生分類としてICF-CYが公表され，わが国においてもICF-CYの日本語版が2009年に厚生労働省より発刊されました。

　ICFの考え方は，特殊教育から特別支援教育への転換にも大きな影響を及ぼしたことはいうまでもありません。2009年に出された特別支援学校学習指導要領解説・自立活動編においても，障害のとらえ方の変化として4ページにわたって説明されています。ICFの視点から子どもの姿をとらえ，ICFの考え方を踏まえて子どもの指導・支援のあり方を見つめ考えることが大切であることが述べられています。しかし，今日の特別支援教育の現場に目を向けてみるならば，特別支援教育に携わる先生方の中に，ICF/ICF-CYの考え方はまだまだ十分に浸透していないように思われます。そして特別支援学校の教師からは，「ICF/ICF-CYの考え方は多岐に渡っていて，なかなか理解するのが難しい。」「具体的にどのようにICF/ICF-CYを活用していったらいいかわからない。」などといった声が聞かれます。

　このような現状を生み出してきた原因の一つとして，ICF/ICF-CYの理解や活用方法について関係者にわかりやすく伝える研修会や書籍が十分でなかったのかもしれません。そこで，ICF/ICF-CYの理念をQ&Aといった形で伝え，事例を通してICF支援シートの活用の意義と方法を紹介したいと考え，本書を刊行させていただくことにしました。

　なお，現在のところICF-CYは児童版として作成され，成人用のICFと分けられた形となっています。しかし，ICF-CYに独自に設けられた分類項目がICFに盛り込まれる形でICFに統合されることが，2010年のWHO-FIC（国際健康関連分類）会議で承認されています。また，コラムでも取り上げたように，ICFコアセットの考え方が医療分野やリハビリテーション分野を中心に推進されつつあります。WHOの今後の改訂作業や，ICFコアセットの活用に関する新たなICF研究の動向を見つめていく必要があります。

　最後になりましたが，ここで紹介した事例はさまざまな教育現場で実践されていたケースをもとにしており，その実践に携わって情報を提供してくださった先生方には，心より感謝いたします（事例が特定できないように一部修正をしています）。そして，本書の編集に当たり，田研出版編集部の高階則子さんには構成や内容についても的確なアドバイスを頂きました。本当に感謝

致します。

　障害のある子どもたち一人ひとりの健やかな成長のためにICF/ICF-CY の考え方が広まるとともに，ICF の理念である子どもたちの豊かな生活を実現する教育実践を展開されることを心から願っています。

2015 年 10 月

著者一同

■編著者
池本喜代正

　宇都宮大学教育学部教授。筑波大学大学院博士課程心身障害学研究科中退。筑波大学附属大塚養護学校文部教官教諭，宇都宮大学助教授を経て現職。2004年から2007年まで附属特別支援学校校長。現在，日本特別ニーズ教育学会理事。主な著書・訳書：みんなの幼児教育の未来予想図（共訳，ナカニシヤ出版，2013），特別支援教育からインクルーシブ教育への展望（共著，クリエイツかもがわ，2012），特別支援教育の基礎（編著，田研出版，2010），障害児教育方法の探究（共著，田研出版，2000），障害児教育システムの研究と構想（共著，田研出版，2000）ほか。

　執筆担当　はじめに，Ⅰ：Q1，Q2，Q3，Q4，Q7，Q8，Ⅱ：Q7，Q8，Ⅲ：Q2，Q3，Q4，
　　　　　　Ⅳ：1，2，Ⅴ：事例4，事例5，コラム，ヒント，資料

■著者（五十音順）
小林由紀子

　大田原市立金丸小学校北金丸分校教諭。宇都宮大学大学院教育学研究科修了。主な論文：小学校2年生を対象とした障害理解教育の方法論的検討（宇都宮大学教育学部教育実践総合センター紀要第33号，2010）

　執筆担当　Ⅱ：Q4，Q5，Q6，Ⅴ：事例1，資料

清水浩

　山形県立米沢女子短期大学社会情報学科教授。宇都宮大学大学院教育学研究科修了。栃木県立特別支援学校教諭を経て現職。主な著書：TTAP〜自閉症スペクトラムの移行アセスメントプロフィールTTAPの実際（共著，ASDヴィレッジ出版，2014），自立をみすえた発達障害がある子どもへのライフスキルトレーニング（共著，明治図書出版，2014）

　執筆担当　Ⅱ：Q9，Q10，Ⅲ：Q6，Ⅴ：事例6

下無敷順一

　栃木市立吹上小学校教諭。宇都宮大学大学院教育学研究科修了。主な論文：小中学校教員の特別支援教育に対する意識の変容（宇都宮大学教育学部教育実践総合センター紀要第31号，2008），特別支援学級における個別の指導計画へのICF活用（宇都宮大学教育学部教育実践総合センター紀要第32号，2009）

　執筆担当　Ⅱ：Q1，Ⅲ：Q1，Q8，Ⅴ：事例2，事例3

西村修一

　栃木県立岡本特別支援学校教諭。宇都宮大学大学院教育学研究科修了。主な著書：子どもの見方がかわるICF－特別支援教育への活用－（単著，クリエイツかもがわ，2009），合理的配慮とICFの活用－インクルーシブ教育への射程－（単著，クリエイツかもがわ，2014），キーワードブック特別支援教育の授業づくり－授業創造の基礎知識－（共著，クリエイツかもがわ，2012）

　執筆担当　Ⅰ：Q5，Q6，Q9，Q10，Ⅱ：Q2，Q3，Ⅲ：Q5，Q7，Ⅴ：事例7，コラム，おわりに

特別支援教育のための
ＩＣＦ支援シート活用ブック
－子ども理解と支援のために－

2015年11月30日　印刷　　2015年12月11日　　発行	
編著者	池本　喜代正
発行者	丸田　重人
発行所	田研出版株式会社 東京都足立区堀之内 2-15-5 TEL　03-5809-4198（代表）
本文イラスト/装丁	髙嶋良枝
印刷・製本	モリモト印刷株式会社

ISBN978-4-86089-048-3 C3037
落丁本・乱丁本はお取替えいたします。

©2015 K. Ikemoto